Wolfgang Salomon

Venedig abseits der Pfade

WOLFGANG SALOMON

Venedig

ABSEITS DER PFADE

Eine etwas andere Reise
durch die Lagunenstadt

braumüller

Spezieller Dank an Dr. Wolfgang Straub und die vielen fleißigen Hände vom Braumüller Verlag, die an diesem Buch beteiligt waren.

Bibliografische Information der Deutschen Nationalbibliothek
Die Deutsche Nationalbibliothek verzeichnet diese Publikation in der Deutschen Nationalbibliografie – detaillierte bibliografische Daten sind im Internet über http://dnb.d-nb.de abrufbar.

Printed in Austria

1. Auflage 2014

© 2014 by Braumüller GmbH
Servitengasse 5, A-1090 Wien

www.braumueller.at

Fotos: Wolfgang Salomon
Stadtpläne: nach openstreetmap.org
Karte S. 8–9: wikicommons / Stadt Venedig und der Lido aus der Vogelschau, 1649/1650, aus: Württembergische Landesbibliothek, HB V 15 fol 538r
Lektorat: Wolfgang Straub

Druck: Druckerei Theiss GmbH, A-9431 St. Stefan im Lavanttal
ISBN 978-3-99100-005-1

*Für Michaela, die mich in dieser Stadt
geheiratet hat, und für Lottchen,
deren erste Reise dorthin noch bevorsteht*

„Buon giorno bell'anima"

Graffiti in San Pietro di Castello

Inhalt

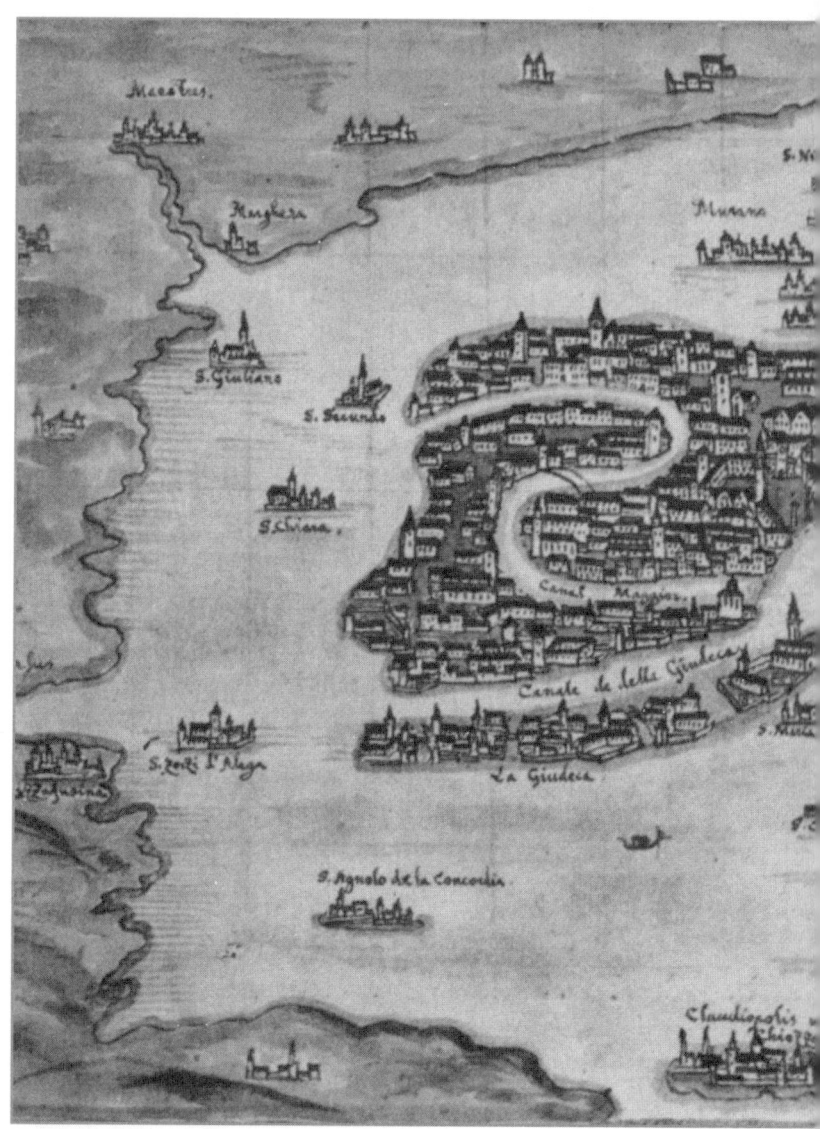

Gabriel Bucelinus, Karte Venedigs von 1649/50

Torcelo

Buran

Mazorbo

as di Paluda

S. Fran. dal deserto

Tre porti

MARE

Hadriaticum

Michiele

Christophoro

Lazaretto nouo

Sta Mad Loco

S. Eras.mo

S. Picolo

Lazaro

Golpho de

Venetia

ni Maggiore

S. Seorgio

La Certosa

S. Helena

S. Spirito

Poueggia

Lazaretto vechio

S. Lazaro

S. Niclo de Lio

MARE

Hadriaticum

Malamocco

S. Salomoco

Das Kleine im Großen, abseits der Pfade: Zum Geleit

Venedig: jene Stadt, deren Winkel und Gassen bis ins Letzte von Tausenden Venedig-Kundigen ergangen und vermessen wurden. Venedig: fälschlicherweise als eine sterbende Stadt tituliert, die sich seit Jahrhunderten immer wieder neu erfindet, erfinden muss. Venedig: Eldorado der Touristen, die täglich zu Tausenden die Stadt bevölkern, denen man aber ganz leicht aus dem Weg gehen kann, ist man der Massen einmal überdrüssig. Venedig: über das schon Goethe sagte, dass bereits alles über diese Stadt geschrieben sei. Dabei kann es für einen bekennenden Venedig-Fan doch nie genügend Bücher über „seine" Stadt geben, mit denen man sich die Wartezeit bis zu seinem nächsten Besuch vertreiben kann. Venedig, wo mittlerweile *acqua alta* ebenso zum Tagesablauf gehört, wie der morgendliche *nero* in der Bar um die Ecke.

Es geht in diesem Buch weder darum, Sie an die üblichen Orte der Stadt zu führen, noch darum, Venedig neu zu erfinden. Vielmehr will ich Sie mitnehmen auf ein paar Spaziergänge durch die Stadt, auf die Inseln der Lagune und über den Lido (den Hausstrand und das Sommerdomizil der Venezianer), wo sich Venedig aus einer anderen Perspektive erschließt.

Manchmal auf vertrauten Pfaden, manchmal auf weniger vertrauten. Es sind Momentaufnahmen und zufällige Begegnungen, die ich in meinem Reisetagebuch festhielt und die mich bewegten.

Unzählige Dinge fordern hier auf Schritt und Tritt die Aufmerksamkeit, sodass der Besucher oft achtlos an vielem vorbeiwandert, ohne etwas von den Geschichten zu erahnen, die hier jedes Haus, jede Gasse und jeder Campo erzählen kann.

Es sind oft die Kleinigkeiten und die alltäglichen Dinge des Lebens, die den Reiz dieser Stadt ausmachen. Hat man erst einmal die Stadt und das Umland erkundet, seine ersten Venedig-Besuche absolviert und die bekanntesten Sehenswürdigkeiten der Stadt besichtigt (selbst dazu bedarf es einiger Besuche), macht sich der Venedig-Kundige meist auf, in Venedig und seinem Umland neue Wege zu entdecken und die Stadt aus anderen Blickwinkeln zu betrachten.

Zeit spielt hier vor allem eine Rolle. Die sollte man sich nehmen, um das wahre Tempo Venedigs, in dem sich diese einzigartige Ansammlung von Palästen, Kirchen, Gassen, Campi und Kanälen bewegt, zu erspüren.

Gelingt es einem erst einmal, die Geschwindigkeit zu drosseln und in die „Langsamkeit des Seins" zu verfallen, dann erschließen sich dem Reisenden Kleinigkeiten und Details. An Venedig-Büchern mangelt es ja bekanntlich nicht. Ebenso wenig wie an mitteilsamen Venezianern, die oft gut über die historischen Ereignisse, die jede Gasse und jedes Gebäude ihrer Stadt erzählen kann, informiert sind. Sie sind auch bereit, dieses Wissen weiterzugeben, hat man erst den Schlüssel zu ihrem Herzen gefunden.

Es gibt unzählige Geschichten zu jedem der romantischen und weniger romantischen Orte der Lagune. Auf den nun nachfolgenden Seiten erzähle ich meine Geschichten, die ich mit diesen Orten verbinde und die ich dort erlebt habe. Sie werden sehen, es sind nicht immer nur die prachtvollen Plätze und Gebäude, die einen Besuch lohnen. Vor einigen Jahren hatte ich das unverschämte Glück, einen Sommer lang in Venedig in einem 600 Jahre alten Palazzo wohnen zu können (in dem, so sagte man, noch die Seele der kürzlich verstorbenen Vorbewohnerin herumgeisterte), und konnte dabei das – nicht immer rosige und angenehme – Alltagsleben der Venezianer oftmals hautnah miterleben. Durch diesen längeren Aufenthalt war es mir möglich, die Stadt und ihre Einwohner aus einer völlig neuen Perspektive kennenzulernen. Eine Sichtweise, die meinen Blick auf die Stadt nachhaltig geprägt hat.

Es ist ein Blick, der sich meist lieber dem Kleinen als dem Großen zuwendet. Die meisten, die Venedig zum ersten Mal besuchen, sind auf der Suche nach den schönsten Campi, den höchsten Campanili und den größten Palazzi. Die allseits bekannten geschichtsträchtigen Prachtbauten wie der Palazzo Ducale oder der mit einer Außenrundtreppe versehene Palazzo Contarini del Bovolo sind in jedem Reiseführer zu finden. An diesen großteils zentral gelegenen Bauten führt sowieso kein Weg vorbei, wenn man die Sestieri dieser Märchenstadt durchstreift.

Aber nur die wenigsten Venedig-Besucher wissen etwa, wo sich der kleinste Palast Venedigs befindet. Und das, obwohl ihn täglich zigtausend Touristenaugenpaare unbewusst streifen, wenn sie, auf den steinernen Stufen der Kirche Santa Maria della Salute sitzend, das Treiben auf dem Canal Grande beobachten. Der aus dem Ende des 15. Jahrhunderts stammende Palazzo Contarini-Fasan – demselben Geschlecht wie der erwähnte Palazzo Contarini del Bovolo zuzurechnen – liegt direkt vis-à-vis der Vaporettostation „Salute". Eingezwängt zwischen dem links befindlichen Palazzo Manolesso Ferro, zu dem eine Brücke im zweiten Geschoß führt, und dem zur Rechten angeschmiegten Palazzo Contarini (ohne Fasan! Der Beiname beruft sich auf die Jagdleidenschaft eines einstigen Besitzers) besticht der Minipalast vor allem durch seine orientalisch angehauchte Fassade, die – mit Abstrichen – jener des berühmten Ca' d'Oro gleicht.

Bekannt ist dieser nur einen Saal breite „Palazetto" auch dafür, dass ein einstiger Besitzer, ein Herr namens Moro, hier seine Gattin Desdemona meuchelte. Shakespeare verhalf den beiden in seinem *Othello* zu internationaler Bekanntheit, der Rest ist Geschichte. Der Palazzo wird daher auch gerne „Palazzo Desdemona" genannt.

Dem Betrachter mit palazzogeschulten Augen – und welcher Venedig-Fan wäre das nicht? – fällt sofort auf, dass das Gebäude keinen Zugang vom Wasser hat. Ins Auge stechen auch die steinernen Balkonbrüstungen, die mit radförmigen Mustern durchzogen sind – eine Form, die in Venedig kein zweites Mal mehr zu finden ist.

Auf der Höhe des zweiten Geschoßes erblickt man an der Fassade das verwitterte, ungewöhnlich großformatige steinerne Wappen der Familie Contarini – ein einst mächtiges venezianisches Adelsgeschlecht, das seinen Wohlstand regen Handelsbeziehungen zum afrikanischen Kontinent verdankte und acht Dogen hervorbrachte. Viel mehr weiß man über die Historie des kleinsten Palasts der Lagunenstadt nicht. Aber gerade das regt die Fantasie der Venezianer bis heute an.

Also verlassen wir den untertags von stetigen Bootsströmen, Traghetti und Gondole frequentierten Platz vor der Kirche Santa Maria della Salute ausgeruht und gehen auf Entdeckungsreise, um ein Venedig abseits der Pfade zu erkunden, den Blick auf das „Kleine" gerichtet. Den Geruch des feuchten Mauerwerks und des stetig in kleinen Wellen gegen die Steinstufen klatschenden Lagunenwassers in der Nase. Das sanfte Quietschen der Bootsanlegestelle in der Strömung und das der hölzernen Poller, an denen sich die festgezurrten schwarzen Rümpfe der Gondole reiben, im Ohr.

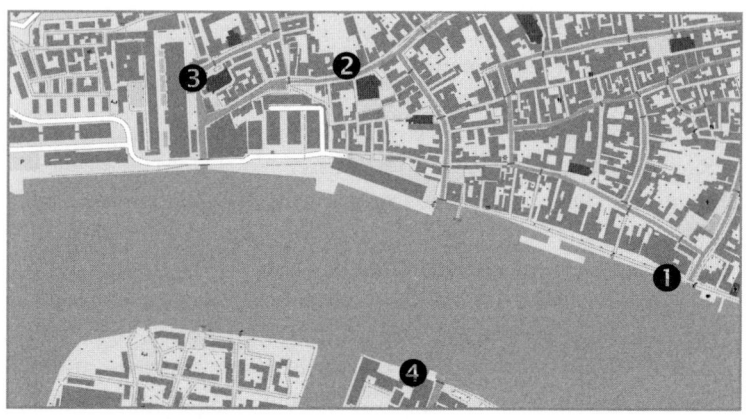

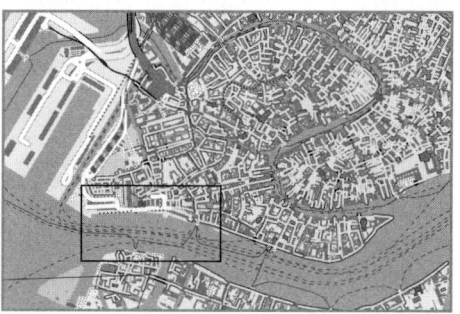

1 Fondamenta Zattere

2 Ponte Cristo

3 San Nicolò dei Mendicoli

4 Molino Stucky

Wo die Gondeln Trauer trugen

San Nicolò dei Mendicoli

Durch das Mendicoli-Viertel

Die Kirche San Nicolò dei Mendicoli liegt im äußersten Wes-
ten des Sestiere Dorsoduro und ist den meisten, wenn auch
unbewusst, als Filmkulisse für Nicolas Roegs Okkult-Thril-
ler *Wenn die Gondeln Trauer tragen* (OT: *Don't Look Now*) bekannt. Obwohl dieser aus dem Jahre 1973 stammende Film
mittlerweile zum kulturellen Allgemeingut gehört und für
viele zu den besten Venedig-Filmen zählt, ist man auf dem
kleinen Campo, der im Film eine zentrale Rolle spielt, in der
für Tagestouristen weniger interessanten, auf den ersten Blick
fast schon tristen Arbeitergegend meist für sich. Die wenigsten steuern diese ruhige Ecke Venedigs gezielt an, die meisten
dürften zufällig hierhergelangen.

Ich nähere mich der Kirche des heiligen Nikolaus der Bettler
über die Fondamenta Zattere. Gegenüber, am anderen Ufer des
Canale della Giudecca, sticht der Backsteinkomplex des Molino
Stucky ins Auge – eine ehemalige Nudelfabrik, die bis vor einigen
Jahren leer stand und dann zum Luxushotel umgebaut wurde.

Der 1883 von dem deutschen Architekten Ernst Wullekopf
entworfene Industriebau, dessen Äußeres an die Speichersilos
in Hamburg erinnert, diente – ein Jahr vor dem Beginn der
Dreharbeiten zu Roegs Film – als stimmige Kulisse für den

Land unter an den Zattere

Thriller *The Child – Die Stadt wird zum Alptraum* von Aldo Lado.

Von den Zattere kommend, wo man erst vor Kurzem bauliche Maßnahmen ergriff, um das häufig auftretende *acqua alta* in den Griff zu bekommen, hüpfe ich von einer trockenen Stelle zur nächsten, da das Wasser der Lagune von den Windböen über den Kai gepeitscht wird und der breite Gehweg sich immer mehr mit Wasser füllt.

Das Kreischen der Möwen und das Stampfen der vorbeifahrenden Schiffe und Boote im Giudecca-Kanal bricht sich an den Wänden der Palazzi. Nachdem ich am Ende des Kais rechts zum Campo San Basegio eingebogen bin, verlieren sich die Geräusche des regen Schiffsverkehrs zwischen den Häusern in den schmalen Gässchen. Den ebenfalls über die Ufer tretenden Rio di San Sebastiano überquere ich an der zweiten Brücke nach links. Der lauschige Campo drio el Cimitero, wo bei Schönwetter die Kinder des Viertels ihre Fußballmatches mit dem Eifer der Erwachsenen zelebrieren, liegt verlassen im Regen vor mir.

Das malerische Plätzchen birgt eine für Venedig typische Zisterne, auf der sich eine Taube und ein paar Spatzen lautstark um einige vom Regen aufgeweichte Essensreste streiten.

Die empfehlenswerte Osteria Pane Vino e San Daniele, deren Gastgarten sich auf dem Campo dell'Angelo Raffaele gleich daneben befindet, ist gerade dabei, ihre Pforten zu öffnen. Die verführerischen Küchendüfte, die über den Platz wehen, werden bald die hungrigen Gäste aus dem umliegenden Viertel in Scharen anziehen.

Ich überquere den Rio dei Carmini über die Ponte del Cristo, wo sich direkt an der Fondamenta Briati ein entzückender, in die Mauer eingelassener Holzaltar aus dem 15. Jahrhundert mit einer polychromatischen Statue des Gekreuzigten befindet. Die Inschriften der zur linken und rechten Seite des Altars eingelassenen Steintafeln sind schon stark verwittert und nur mehr schwer zu entziffern.

Die Fondamenta Briati wurde nach Giuseppe Briati benannt, einem von seinen Bewunderern geliebten und von seiner Konkurrenz geschmähten Bleikristall-Hersteller des 18. Jahrhunderts, der hier seine Fabrik hatte. Briati erhielt seine dreijährige Ausbildung zum Meister in Böhmen, und nach seiner Rückkehr nach Venedig war es ihm sogar möglich, 1730 seinen eigenen Glasofen auf Murano zu betreiben.

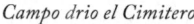

Campo drio el Cimitero

Der hölzerne Altar
auf der Fondamenta Briati

Aufgrund seines künstlerischen Geschicks war er sehr bald ein gefragter Mann, und seine aus Bleikristall hergestellten Artefakte, Szenerien und Minigärten, für die er berühmt war, machten ihn alsbald in Venedig zu einem berühmten Mann und riefen natürlich etliche Neider auf den Plan.

Bei den konservativen Glaskünstlern von Murano war er aber so verhasst, dass er verprügelt und mit vorgehaltenen Waffen und unter Todesandrohung von ihrer Insel verjagt wurde. Er erhielt vom Stadtrat die Erlaubnis, seine Fabrik in Dorsoduro fortzuführen. Von der einstigen Manufaktur ist heute leider nichts mehr zu sehen.

Entlang der Fondamenta Barbarigo biegt man nach rechts in die schmale Calle Riello ein, um sich über den Campiello Tron schließlich San Nicolò dei Mendicoli zu nähern. Das stetige Tropfen des Regens vermischt sich mit den ruhigen Passagen der einschmeichelnden *Hosianna-Mantra*-Scheibe von Popol Vuhs in meinem Ohr, die für den heutigen Spaziergang den idealen Soundtrack abgibt. Das glockenklare Piano spielt seine einlullende Melodie, die wie eben von den Dächern herabtropfender Regen klingt.

Eine Kirche für die Bettler

Als ich San Nicolò erreiche, sind die Gehwege mit einer halben Hand hohen Wasserschicht überzogen, die aus den übergehenden Kanälen die Stadt gerade wieder einmal ein wenig überschwemmt. Noch kein richtiges *acqua alta*!

Von einigen Fenstern aus den oberen Stockwerken hängen an Nylonschnüren befestigte, prall gefüllte Mistsäcke, die im Laufe des Tages von der städtischen Müllabfuhr abgeholt werden. Während das stetig vorbeiströmende Wasser des Kanals smaragdgrün schimmert, verwandelt sich die kräftige Farbe des Lagunenwassers, sobald es über die gemauerten und mit ausgetretenen Steinplatten belegten Gehwege dringt, in ein diffuses Grau, das meine Schuhe umspült. Unangenehme, kalte Feuchtigkeit beginne ich mittlerweile zwischen den Zehen zu spüren.

Meine, wie ich meinte, „venedigtauglichen" Schuhe sind doch nicht so wasserdicht, wie vom Hersteller angegeben. Conclusio: beim nächsten Kauf von „Venedig-Schuhen" unbedingt nur allerbeste Qualität erwerben, denn wasserdichtes Schuhwerk ist im Spätherbst und Winter hier unerlässlich.

Ich stehe auf der kleinen Brücke, die den Kanal vor der Fondamenta Tron überspannt, und betrachte den heimeligen

Kirchenvorplatz, auf den sich Ortsfremde nur selten verirren. Bei meinen fast schon zum Ritual gewordenen Besuchen in dieser Gegend sitze ich selbst an warmen und sonnigen Tagen meist mutterseelenallein vor oder in der halbdunklen Kirche, um wieder etwas Kraft zu tanken, bevor ich mich auf den Weg zu weiteren Erkundigungen durch Gassen und Höfe der Umgebung mache.

Der kleine, adrett angeordnete Platz mit seinen Bäumchen, seiner kleinen Löwenstatue, dem mit der Jahreszahl 1876 versehenen Gedenkstein und den Bänken ist anscheinend dem stetig steigenden Wasserspiegel nicht mehr zu trotzen in der Lage, mir trommelt das Regenwasser auf die Mütze und es rinnt in Bächen über die Schultern meiner Segeljacke. So beschließe ich, heute meine kleine „Krafttankpause" ins Innere der Kirche zu verlegen. San Nicolò stammt aus dem 12. Jahrhundert, sie stellt einen über die Jahrhunderte angesammelten Mischmasch aus architektonischen Stilen und Werken aus den verschiedenste Epochen dar – gerade das macht ihren eigenwilligen Charme aus. Der Namenspatron war nicht nur ein griechischer Bischof aus dem 3. Jahrhundert, der dafür bekannt war, Münzen in Schuhe Bedürftiger abzulegen – daher das Vorbild für unseren Nikolo –, sondern er galt und gilt nach wie vor als Schutzpatron der Seemänner und Fischer. Das an den Heiligennamen (Nikolo bedeutet im Griechischen in etwa „Sieger des Volkes") angehängte „dei Mendicoli" weist auf die Bettler hin, denen er so selbstlos gegeben haben soll.

Auf der Insel von San Nicolò dei Mendicoli befanden sich bereits im 7. Jahrhundert erste Ansiedlungen, es ist eines der ältesten bewohnten Gebiete der Lagune. Hier zeigt sich, dass Venedig einst eine bunte Ansammlung unabhängiger Gemeinden, jede mit ihrem eigenen Charakter, war. Später bestand das Mendicoli-Viertel großteils aus armen Fischern, Schmugglern und zwielichtigen Gestalten, die hier in den Gassen in großer Zahl anzutreffen waren. Die zwar armen, aber umso stolzeren

Bewohner erhielten nicht nur einen eigenen Namen – „Nico-lotti", ähnlich den Bewohnern rund um das Arsenal, den soge-nannten „Arsenalotti" –, sie verfügten auch über das Privileg, gemeinsam mit der Nachbargemeinde Sant'Angelo ihren eige-nen proletarischen Dogen zu wählen („Doge dei Nicolotti"), der ein nicht zu unterschätzendes Gegengewicht zu den adli-gen Mitgliedern des venezianischen Rates darstellte. Der all-jährliche Bruderkuss mit dem eigentlichen Dogen war einer der Höhepunkte für die „ihren" Dogen begleitenden Bewohner des Viertels. Der Gedenkstein aus dem Jahre 1876 auf dem Kir-chenvorplatz zeugt noch heute von der Danksagung der Repu-blik an die „Nicolotti" und ihren Dogen.

Auch waren die „Nicolotti" für ihre uns heute etwas bi-zarr anmutenden Mannschaftskampfspiele bekannt. Nicht weit entfernt befindet sich die Ponte dei Pugni („Brücke der Fäuste"), wo sich die Männer der benachbarten Viertel – die „Nicolotti" trugen schwarze, die Einwohner Castellos rote Kappen – als eine aus Menschenleibern geformte Pyramide zu den abenteuerlichsten Formationen auftürmten und sich im Rahmen festlicher Anlässe gegenseitig mit den Fäusten von der Brücke prügelten, bis nur mehr ein Gewinner auf selbiger stand. Eine Abbildung dieses derben Spektakels befindet sich übrigens im Museo Correr an der Piazza San Marco.

Die Ponte dei Pugni, einst Schauplatz dieser Kämpfe, verbindet den Campo San Barnaba mit dem anschließenden Campo Santa Margherita und zählte noch bis vor einigen Jah-ren zu den ganz wenigen Brücken Venedigs, die von keinem Geländer begrenzt war.

In die Mauern des hoch aufragenden, aus orangen Ziegeln gefertigten Campanile von San Nicolò sind einige mysteri-öse Steinplatten aus weißem Sandstein eingelassen. Die von Regen, Sonne und Abgasen verwitterten Konturen der dar-auf abgebildeten Symbole, Tiere oder Figuren sind zum Teil

Campo San Nicolò dei Mendicoli

schon ihres Antlitzes beraubt. Erst nach längerer Betrachtung erschließen sich die Zusammenhänge.

In unmittelbarer Nachbarschaft hat sich vor einigen Jahren die Universität für Architektur in den Fabrikationshallen einer ehemaligen Seidenspinnerei eingemietet. Dadurch erhielt der Kirchenvorplatz eine neue Charakteristik. Denn vor dem Bau einer Verbindungsbrücke war von hier aus ein Weiterkommen nicht möglich. Vor noch gar nicht allzu langer Zeit war das Gelände der Fabrik umzäunt und nur für die hier angestellten Arbeiter durch ein verschließbares Tor erreichbar.

Durch den Bau der Fabrik wollte man ursprünglich die erdrückende Armut im Viertel eindämmen und Arbeitsplätze schaffen. Seit der Schließung der Fabrik in den 6oer-Jahren lag dieses Gelände jahrelang brach, bis es nach langwierigen Sanierungsarbeiten der heutigen Nutzung zugeführt werden konnte.

Eine Schiffssirene eines wolkenkratzerhohen Kreuzfahrtschiffs schallt über den nahen Giudecca-Kanal. Das Echo bricht sich auf dem Kirchenplatz mehrfach, bevor es in den umliegenden Gassen verhallt. Nur das beständige Platschen

Das stimmungsvolle Innere von San Nicolò

des Regens, der jetzt von hämmernden Tropfen zu feinem Nieselregen mutierte, ist zu hören.

Ich schüttle mir den Regen von der Kleidung, so gut es eben geht, nehme die Kopfhörer ab und betrachte die drei verwitterten Heiligenfiguren, die das Seitenportal umgeben, durch das man die Kirche betreten kann.

Die Figuren der heiligen Maria, des heiligen Antonius und des heiligen Nepomuk, Letzterer seines steinernen Hauptes beraubt, stammen aus der Mitte des 18. Jahrhunderts und wurden von dem Armenpriester Giovanni Zaniol in Auftrag gegeben, der die Kirche mit Mitteln aus anscheinend dubiosen Quellen renovieren ließ.

Dies führte sogar so weit, dass sich der fromme Mann, von neidischen Nachbarn angezeigt, vor Gericht verantworten musste, um den Richtern die Quelle des Geldflusses darzulegen. Der Legende nach hatte der Priester eine alte Begräbnisstätte entdeckt, in der sich ein Goldschatz befand, mit den er die Renovierung der Kirche finanzierte. Das Mysterium konnte aber nie gelüftet werden und der Priester nahm sein Geheimnis mit ins Grab.

Die Kirche zum Film

Das Kirchenportal quietscht klagend, als ich es aufdrücke, und der würzige Geruch von Weihrauch schlägt mir entgegen. Durchdrungen vom Tageslicht des grau verhangenen Himmels, das sich seinen Weg durch die Kirchenfenster bahnt und das Gotteshaus in ein angenehmes Halbdunkel taucht, ziehen sich die filigranen Weihrauchschwaden, Fäden gleich, durch eines der stimmungsvollsten und schönsten Kirchenschiffe Venedigs.

Links und rechts befinden sich mächtige Steinsäulen, die nach oben hin von dunklen Ölgemälden umrahmt werden. Natürlich darf eine mächtige Statue des heiligen Nicolò, der drei Geldsäcke mit Gaben für die Bedürftigen festhält, nicht fehlen.

Ich nehme auf einer der dunklen, von vielen Jahren eifrigen Kirchgangs durchgesessenen Gebetsbänke Platz und lasse die faszinierenden Eindrücke dieses wunderschönen, prachtvollen Bauwerkes und seines mit äußerster Sorgfalt ausgewählten, über die Jahrhunderte angesammelten, aus den verschiedensten Stilepochen stammenden Interieurs auf mich wirken. Der von Säulen umflankte Altar ist von unten stimmungsvoll beleuchtet und erstrahlt ein wenig aus dem diffusen Licht, das durch die Fenster hereinsickert. Ich verliere mich in der Betrachtung der in Öl gemalten Kreuzigungsszene Christus, die aus der Werkstatt Veroneses stammt und seinem Neffen Alvise dal Friso zugeordnet wird.

Mein Blick schweift durch das Kirchenrund, und ich beuge den Kopf weit nach hinten, um das mächtige Deckenfresko in Augenschein zu nehmen. Die byzantinische Pracht des Raums und die von der Decke herabhängenden Ampeln verbreiten eine Stimmung, wie man sie sonst aus den griechisch-orthodoxen Gotteshäusern kennt.

Die Bank, auf der ich Platz genommen habe, befindet sich auf der Höhe, wo Donald Sutherland, der Hauptdarsteller von *Wenn die Gondeln Trauer tragen*, während einer Schlüsselszene des Films, nur an einem Seil hängend, hoch über dem Boden der Kirche baumelte, während Gerüstteile und Mosaiksteine in lebensbedrohlichem Stakkato auf die Baustelle des Kirchenbodens herunterprasselten, nachdem sich die hoch im Kirchenschiff verankerte Gerüstinsel aus der Verankerung gelöst hatte.

In den Mauern eingelassene Steintafeln mit geheimnisvollen
Inschriften, Symbolen und Figuren

Sutherland spielte den atemberaubenden Stunt, der nicht ganz so schwindelfreien Menschen wie meiner Wenigkeit schon beim Betrachten feuchte Hände bescherte, wagemutig ohne viel Federlesens selber, da sich der Stuntman nach Unstimmigkeiten mit der Filmversicherung weigerte, die gefährliche Szene zu drehen.

Sutherland trug zwar ein hauchdünnes Sicherheitsseil und meisterte diese Szene bravourös, Jahre später erklärte ihm ein versierter Stunt-Koordinator, nach eingehender Analyse der Filmsequenz, dass das Sicherheitsseil ihn bei einem Fehlgriff nie hätte halten können und er mit Sicherheit abgestürzt wäre.

Es gibt noch einige Bonmots zu Nicolas Roegs zeitlosem filmischen Meisterwerk, dessen Drehbuch auf einer Novelle von Daphne du Maurier fußt und bewusst auf den üblichen Postkartenhintergrund, der in den meisten in Venedig spielenden Filmen immer wieder Verwendung findet, verzichtete. Vielmehr wollte der Regisseur ein winterlich verlassenes und stimmungsvolles Venedig inszenieren, das den unheimlichen Plot um ein Ehepaar, dessen Tochter beim Spielen ertrunken war (im Buch starb Christine an Meningitis) und das in Venedig Abstand von dem tragischen Vorfall nehmen wollte, aber sich in immer mysteriöser werdende Szenen verstrickte, abrundete und das passende Ambiente, gepaart mit einer meisterhaften Kameraführung einfangen konnte.

Die Kirche San Nicolò dei Mendicoli wurde während der Dreharbeiten gerade restauriert. Nachdem man bereits verzweifelt die Suche nach einer passenden Location aufgegeben hatte und eine Kirche in den Cinecittà-Studios nachbauen wollte, stolperte man eher per Zufall in das in eine Baustelle umgewandelte Innere der Kirche.

Die am Set improvisierte, nicht im Skript enthaltene Liebesszene, die in einer der Suiten des Hotels Bauer-Grunwald gedreht wurde, zählt zu einer der schönsten Sequenzen von *Don't Look Now*. Die Darstellerin Julie Christie wurde für ihre offenherzige Zurschaustellung ihrer Weiblichkeit von der Presse dafür – ähnlich wie Maria Schneider für *Der letzte Tango in Paris* – jahrelang heftig attackiert und kritisiert. Vor ein paar Jahren wurde die komplette Szene von der BBC rausgeschnitten, bevor der Film im Fernsehen in verstümmelter Form laufen durfte.

Der von dem in Burano geborenen Pino Donaggio stammende Soundtrack, mit dem immer wiederkehrenden filigranen Klavierthema, das den Film maßgeblich mitprägte, entstand ebenfalls durch einen Zufall. Ugo Mariotti, einem der Produzenten des Films, kam bei einer Bootsfahrt auf dem Canal Grande der damals äußerst erfolgreiche Sänger und Interpret des Gassenhauers *Io che non vivo* (unter dem Titel *You Don't Have to Say You Love Me* u. a. von Elvis Presley und Dusty Springfield gecovert) auf einem anderen Boot entgegen.

Pino Donaggio, der die Begegnung später als göttliche Fügung interpretierte, wurde von Mariotti dazu überredet, den Filmscore zu komponieren, obwohl er noch nie vorher einen Soundtrack geschrieben hatte. Pino Donaggio hängte seine Karriere als Schlagersänger umgehend an den Nagel und komponierte fortan nur mehr Filmmusiken, wobei er mit bekannten Filmgrößen wie Brian De Palma oder Dario Argento arbeitete.

Seltsame Vorgänge in der Kirche

Gerade als ich den Kopfhörer wieder aufsetzen will, betritt eine resolut wirkende ältere Dame mit knallig rotem Wollpullover durch eine Tür seitlich des Altars die Szenerie. Ich halte kurz inne und beobachte, wie sie, total in sich versunken, mit halb geschlossenen Augen, den Steinboden mit einem abgewetzten Kunststoffbesen zu fegen beginnt. Sie scheint mit sich und der Welt im Reinen. Die auf den Boden gesunkenen Weihrauchschlieren werden von dem eifrig hin und her huschenden Besen rhythmisch durchzogen, und es sieht fast so aus, als ob sie den Nebel wegkehren möchte. – Eine skurrile Szene, begleitet vom Schaben der Plastikborsten des in ihren Händen gleichmäßig rotierenden, stark derangierten Kehrgeräts, die den Steinboden mehr massieren als kehren.

Ein hagerer, vom Alter gebeugter Herr in einem eleganten, völlig durchnässten Mantel geht mit sichtlicher Anstrengung, einen Fuß mühsam vor den anderen setzend, auf die mantraartig im Bodennebel stochernde Frau zu und spricht sie mit ehrfürchtig gesenkter Stimme an, worauf diese quer durch den Hauptgang davoneilt und ihm bedeutet, ihr zu folgen. Der Besen lehnt eine Reihe vor mir am Rande der Gebetsbank. Ohne sich umzudrehen und ohne auf den betagten Herrn und

Tor in eine andere Welt?

seinen schleppenden Gang Rücksicht zu nehmen, stürmt sie ins hintere Ende der Kirche an den rechten Seitenaltar und wartet dort mit verschränkten Armen, einer tadelnden Lehrerin gleich, bis der Mann neben ihr steht. Sie deutet auf die Marienstatute, die sich am Seitenaltar befindet, schlägt ein Kreuz gen selbige und entschwindet wieder grußlos, um sich ihrem Besen zu widmen. Der hagere Mann betrachtet stirnrunzelnd die feingliedrige Statue, schüttelt enttäuscht den Kopf und schlürft mit langsamem Schritt Richtung Ausgang.

Der würzige Duft des Weihrauchs verstärkt die Impressionen in diesem Gebetshaus noch um ein Vielfaches. Das merke ich, als irgendwann das Schaben des Besens verklingt und die fast greifbare Stille, die sich hier wie ein Schleier über den Raum gelegt hat, vom Rauschen meines Blutes in den Ohren übertönt wird. Mich schwindelt leicht, als ich mit einem leichten „Ministrantenrausch" auf den Platz hinaustrete und in die Regenschleier eintauche.

Ich mache mich auf zu neuen Entdeckungen in dieser einzigartigen Ansammlung von Inseln, Kanälen, Gässchen, verwunschenen Plätzen und vermauerten Toren, die ins Nichts zu führen scheinen …

Dorsoduro-Tipp

Vecchi Libri

Dorsoduro 3474, Tel. +39 0328 6215414

Viele meiner Lieblingsgeschäfte in Venedig haben leider in den letzten Jahren das Handtuch werfen müssen. Und wo früher ausgewählte Literatur oder ein charaktervolles Tonträger-Sortiment den „nerdigen" Sammler zum stundenlangen, genussvollen Stöbern einlud, warten heute knallige Handtaschen in allen Regenbogenfarben oder billige Murano-Glasimitationen auf Abnehmer. Umso mehr muss man heutzutage Händler honorieren, die es noch immer wagen, sich gegen das stes uniformer werdende Allerweltsangebot der internationalen Kaufhausketten aufzulehnen, und ihr Sortiment nicht allein nach dem Kommerzgedanken ausrichten.

Um ein wahres Kleinod für Sammler von Underground-Literatur, Trash-Art, Filmpostern, alten Karten oder raren Schallplatten handelt es sich beim Vecchi Libri, das unweit des Campo Santa Margherita – vis-à-vis des Campo dei Cármini – zu finden ist. Seit 2009 führt Sergio seine nach alten Büchern und verstaubten Folianten duftende Schatztruhe, die auf wenigen Quadratmetern bis unters Dach mit raren, zum Teil signierten Sammlerstücken vollgestopft ist.

Die riesige Auswahl an Giallos, an populärer Krimi- und Thrillerliteratur, reicht zurück bis in die 30er-Jahre. Progressive-Rock- und Krautrock-Vinyl findet man ebenso wie „Sonic Youth"- und „Black Flag"-Original-Fotoabzüge oder gesuchte Schwarz-Weiß-Poster von den Stones aus den 60er-Jahren.

Sergio, der mit seiner Nietenlederjacke und seiner schulterlangen, leicht ergrauten Haarpracht Sammler aus aller Welt mit den verschiedensten Raritäten versorgt, ist einer der Letzten seiner Art. Ein motorradlederjackengewandeter Dinosaurier, der, versonnen in sich hineinlächelnd, eine Zigarette im Eingang seines kleinen Paradieses stehend raucht, „wenn das Abenteuer mal Pause macht". (Kennt diesen Raucherwerbeslogan noch jemand?!)

Sein freundliches und ruhiges Wesen lädt zu einem Plausch oder tief gehender Fachsimpelei über seltene *Lucifera*-Comicbooks, politische Literatur aus den wilden 70ern und über Bands wie Popol Vuh (das in keine Musikschublade passende Epos *Hosianna Mantra* gehört zu Sergios meistgehörten Scheiben!) oder seine Lieblingskrautrocker „Lucifer's Friend" ein.

Von alten Ansichtskarten, unzähligen Büchern, alten Konzertpostern oder raren französischen Moulin-Rouge-Programmheften aus den 50ern bis zu seltenen Comic-Ausgaben reicht das breit gefächerte Sortiment. Wer Zeit und Muße findet, die vollgestopften Regale zu durchforsten, dem kann dann schon mal ein originalsignierter (!) Ausstellungskatalog von Andy Warhol in die Hände fallen.

Es gibt sogar einen eigenen versperrten „Schrein" mit wertvollen signierten Werken, der, je nach Größe der Geldbörse, so ziemlich alles enthält, was das Herz des Sammlers höherschlagen lässt.

Meine Fundstücke bei meinem letzten Besuch waren u. a. ein rarer Ausstellungskatalog über Hugo Pratts *Corto Maltese* aus den 80er-Jahren, der vom Vorbesitzer noch zusätzlich mit sorgfältig eingeklebten Zeitungsausschnitten zum Thema

Sergio vor seinem kleinen Reich

versehen wurde, sowie ein Buch aus dem Jahre 1972 von einem
klitzekleinen Underground-Verlag, das sich mit dem nach wie
vor aktuellen Tabuthema der italienischen Prostitution ausei-
nandersetzt, sowie ein ultrarares, stark abgegriffenes Büchlein
über „Il Poeta Assassinato", den gewaltsamen Tod Pier Paolo
Pasolinis thematisierend, bereits ein paar Monate nach dessen Ableben erschienen und aufgrund seiner brisanten (Mord-)
Theorie nie wieder neu aufgelegt. Zeit nehmen, stöbern und
sich an den erstandenen Schätzen erfreuen!

Drei Filmtipps: Venedig im Banne des Unheimlichen

Drei Filmperlen sollen hier zusätzlich zum Klassiker *Don't Look Now* Erwähnung finden, drei Filmperlen, in denen Venedig als Filmkulisse diente und die Aficionados einige Freude bereiten dürften.

The Child – Die Stadt wird zum Alptraum (OT: Chi l'ha vista morire?)

Italien 1972, Regie: Aldo Lado

Dieser Giallo kam ein Jahr vor *Don't Look Now* in die Kinos, einige Parallelen im Plot sind auffallend. Stilistisch wird hier aber eine ganz andere Schiene gefahren: italienisches B-Movie at its best. James-Bond-Darsteller George Lazenby begibt sich auf die Suche nach den Mördern seiner Tochter quer durch Venedig (gedreht wurde vor allem in Dorsoduro), begleitet von einem gruseligen Ennio-Morricone-Score, der Gänsehaut verursacht. Sehr stimmungsvoll! Mein (venezianischer) Lieblings-Giallo.

Regisseur Aldo Lado lebt in Venedig und kennt dort jede Ecke, was die Auswahl seiner Drehplätze eindrucksvoll belegt. Viele sehen noch heute so aus und sind leicht auf dem Weg zur Salute-Kirche wiederzuerkennen. Die Bar sieht ebenfalls seit 40 Jahren unverändert aus. Nur der Flipper ist leider nicht mehr an seinem Platz. Auf dem aktuellen DVD-Release bei Koch Media findet sich bei den Bonussequenzen ein Featurette mit einigen Bonmots von den Dreharbeiten aus dem Munde des Regiemeisters Aldo Lado persönlich.

Der Trost von Fremden (OT: Comfort of Strangers)

Italien / Großbritannien 1990, Regie: Paul Schrader
Kongeniale Verfilmung des gleichnamigen Erfolgsromans von
Ian McEwan. Hat leider nie die Aufmerksamkeit erreicht, die
dieser Streifen verdient hätte. Mit traumhafter Besetzung lie-
ben sich, schlagen sich und … (mehr sei nicht verraten) Chris-
topher Walken, Helen Mirren, Rupert Everett und Natasha
Richardson durch einen fesselnden, manchmal fast surreal anmutenden Plot.

Als märchenhafter Hintergrund dient ein klaustrophobi-
sches Venedig, durch das man traumgleich mit den großartig
agierenden Protagonisten stolpert. Auch die im Studio nach-
gedrehten Sequenzen, die hier als auffälliger, gewollter Kontrast vom Meisterregisseur Paul Schrader eingesetzt wurden,
überzeugen durch prachtvolle, gekonnt in Szene gesetzte Auf-
nahmen. Den wunderschönen Soundtrack von Angelo Bada-
lamenti sollte man sich beim nächsten Venedig-Spaziergang
unbedingt auf das Abspielgerät laden: ein stimmungsvoller
Venedig-Soundtrack, der bei jedem Wetter funktioniert.

Blutiger Schatten (OT: Solamente Nero)

Italien 1978, Regie: Antonio Bido
Auf Murano spielt dieser atmosphärische, sehr dichte Giallo,
von einem Meisterregisseur seines Faches unheimlich und gekonnt in Szene gesetzt. Aber Achtung! Bei den Morden auf der
Insel geht es ganz schön blutig zu. Eher nichts für schwache
Nerven! Eine Perle des italienischen B-Movies, die es zu entdecken lohnt. Der unheimliche und hypnotische Soundtrack
stammt von der italienischen Band Goblin (bekannt durch die
Filme des Altmeisters Dario Argento), die dem Thriller den
passenden musikalischen Rahmen geben.

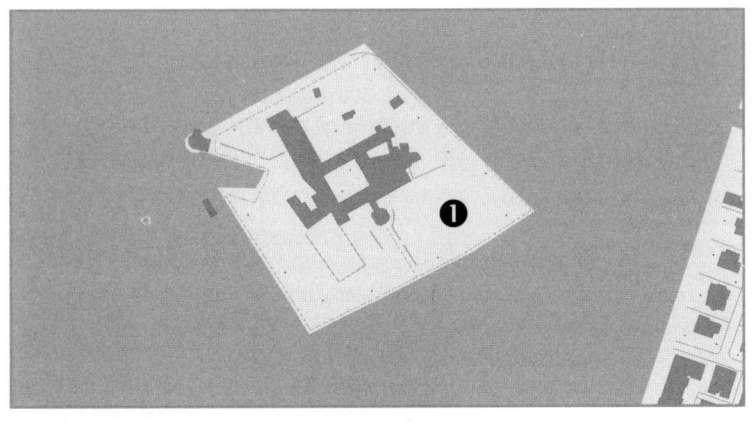

1 San Lazzaro degli Armeni

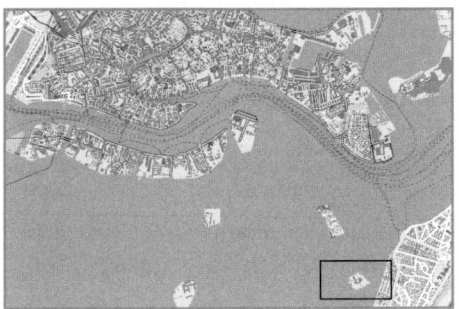

Im Rosengarten auf den Spuren Lord Byrons

San Lazzaro degli Armeni

San Lazzaro degli Armeni

„The Visitor will be convinced that there are
other and better things even in this life."
Lord Byron (1788–1824)

Nur knappe hundert Meter Luftlinie vom Lido entfernt, befindet sich die geschichtsträchtige Klosterinsel San Lazzaro degli
Armeni, ein paradiesisches Kleinod der Ruhe und Zurückge-
zogenheit, deren Einwohnerzahl sich im letzten Jahrzehnt hal-
biert hat. Laut aktuellen Zahlen wird sie nur mehr von zehn
Mönchen bewohnt. Sie birgt eine der wertvollsten und ältesten
Kongregationsbibliotheken der Menschheit.

Doch bevor das Linienboot Nr. 20 bei seinem eigentlichen
Ziel eintrifft, hält es bei der benachbarten, etwas weitläufige-
ren Klosterinsel San Servolo, die ebenfalls einen Besuch lohnt.
Neben kulturellen Veranstaltungen (z. B. das San Servolo Jazz
Meeting, S. 176) befinden sich etwa Zweigstellen der Accademia di Belle Arti und des Collegio Internazionale Ca' Foscari
sowie die Venice International University auf diesem Eiland.

Den meisten Venedig-Führern kann man entnehmen, dass
San Lazzaro degli Armeni nur einmal am Tag per Boot erreichbar ist. Klingt zwar romantisch und geheimnisvoll, entspricht aber nicht der Wahrheit. Die Vaporetto-Linie 20, die

Die verträumte Klosterinsel in ihrer ganzen Schönheit

San Lazzaro und die benachbarte Insel San Servolo ansteuert, verkehrt im 20-Minuten-Takt zwischen San Marco und dem Casinò Lido. Allerdings öffnen sich die Pforten des Mechita-ristenklosters für Besucher nur einmal am Tag, um genau 15.25 Uhr für den einzig möglichen (geführten) Rundgang.

An der Klosterpforte

Wer also ein wenig in dem mit exotischen Palmen, Bäumchen und üppig blühenden Pflanzen gesäumten, wunderschönen „Vorplatz" zwischen Bootsanlegestelle und Klostermauern mit traumhafter Aussicht über die Lagune flanieren will, der kann das zu jeder Tageszeit tun. Eine Führung durch den 1740 vollendeten Komplex des Klostergebäudes sollte man sich aber auf keinen Fall entgehen lassen.

Bevor man das Kloster betritt, machen bereits die Bronzestatue des Gründervaters Abt Mechitar, der mystische und mit orientalischen Ornamenten übersäte, aus Basalt geschlagene „Chatschkare" („Kreuzstein") sowie die Gedenktafel, die Lord Byron, der hier viele Stunde verbrachte, gewidmet ist, Lust darauf, in den Kosmos dieser kleinen, beschaulichen und geheimnisvollen Welt einzutauchen. Eines der bekanntesten Werke Lord Byrons, *Childe Harold's Pilgrimage*, eine Verserzählung in vier Gesängen, soll teilweise auf diesem Eiland entstanden sein. Byron, der hier u. a. die armenische Sprache und Schrift studierte, wurde in der einzigartigen Klosterbibliothek sogar ein eigener Saal gewidmet.

Ursprünglich war San Lazzaro eine Leprakolonie, die nach der Schließung 200 Jahre brachlag, bis sich 1717 – der

Der prächtige Garten mit Blick über die Lagune, der zum Verweilen einlädt.

Überlieferung nach genau am 8. September, dem Geburtstag der heiligen Maria – die vor den Türken aus Griechenland geflohenen Mechitaristen auf der Insel niederließen. Die Insel war ein Geschenk der Stadt Venedig an den Ordensgründer Mechitar, der hier bis zu seinem Tode 1749 ein Zentrum der armenischen Kultur etablierte. An dieser Mission wird bis in die Gegenwart unverändert festgehalten. Auch heute finden sich noch Gelehrte und Forscher aus aller Welt ein, um die alten Karten und Folianten vor Ort zu studieren. Es ist für jeden hier Forschenden eine Ehre, zwischen den Schätzen in diesen ehrwürdigen Gemäuern zu arbeiten.

Hat man erst einmal das schmiedeeiserne Tor der Klosterpforte passiert, findet man sich in einem von Säulen umrankten Kreuzgang mit einem kleinen, penibel gepflegten paradiesischen Garten wieder. Im Kreuzgang sind die großformatigen Farbbilder der „Hausfotografin" Graziella Vigo im Rahmen der Dauerausstellung *Armenia – terra sacra* zu bewundern. Die archaische, unberührte Landschaft und die Bewohner Armeniens spiegeln sich hier in eindrucksvollen Szenen wider.

Rundgang durch das Reich Mechitars

Die überbordende und üppig verzierte Kirche, deren Ursprünge bis ins 14. Jahrhundert zurückgehen, ist die letzte Ruhestätte des Ordensgründers Abt Mechitar, dessen Grab sich im Fußboden vor dem Altar befindet.

Die fünf mit Heiligen versehenen, lichtdurchfluteten, kunstvoll verzierten, bunten Glasfenster wurden 1901 in einer Innsbrucker Werkstatt hergestellt – bei einem der Heiligen handelt es sich um Lazarus, den Namenspatron der Insel. Die Fenster begrenzen den Chorraum hinter dem Altar und steigern die stimmige Atmosphäre im Kirchenschiff mit seiner türkisblauen Decke noch um einiges.

Ein schwerer, purpurner Vorhang trennt den mit vier Stufen erhöhten Chor vom Kirchenschiff ab. An bestimmten Tagen des Kirchenjahres, etwa in der Fastenzeit, aber auch bei einigen Stellen der Liturgie, wird der blickdichte Vorhang zugezogen. Besonders beeindruckend und feierlich müssen die Vermählungen nach den uralten Ritualen der armenischen Kirche sein, die hier noch immer stattfinden. Geschmückt ist die Kirche mit Werken aus dem 16. Jahrhundert, die unter anderem von Jacopo Palma dem Jüngeren und aus der Werkstatt der Bassanos stammen.

Das Innere der prachtvollen Kirche. Im Mittelalter konnten
die auf der Insel stationierten Leprakranken von zwei direkt an die
Kirche angebauten Räumen aus, die aber unter Mechitar bereits
vermauert waren, an den heiligen Messen teilnehmen.

Seit dem Jahre 2000 befinden sich in einem Holzaltar die
Überreste einiger Opfer des Völkermordes, der 1915 unter den
Osmanen an den Armeniern begangen wurde. Hierbei handelt
es sich um einen der größten Genozide, bei dem bis zu 1,5 Millionen Menschen umgekommen sein sollen. Eine geschichtli-
che Aufarbeitung durch die Türken ist bis heute nicht erfolgt,
die Armenier fordern bislang vergeblich ein angemessenes Ge-
denken an die Gräueltaten.

Am Eingang zum angrenzenden Speisesaal, dem sogenannten Refektorium, findet sich am Türsturz folgende Inschrift in
Altarmenisch: „Hier wird geschwiegen und dem Wort Gottes gelauscht!" Damit soll daran erinnert werden, dass auch an
diesem Ort der Andacht der Heiligen Schrift zu lauschen ist,
die während der gemeinsamen Einnahme der Mahlzeiten vorgelesen wird. Am Kopfende des Speisesaals befindet sich, quer
über die ganze Wand, ein eindrucksvolles *Letztes Abendmahl*,
das Pietro Antonio Novelli, ein Mitglied der venezianischen
Accademia di Belle Arti, im Jahre 1780 anfertigte.

Am östlichen Ende des Kreuzgangs liegt die „Treppe des Mechitar", die in den ersten Stock des Klosters führt und mit wertvollen Gemälden ausgestattet ist. Das Deckenfresko stammt vom Rokokomaler Francesco Zugno, der gemeinsam mit Giovanni Battista Tiepolo für die Fresken im Palazzo Labia verantwortlich zeichnete. Es trägt den seltsamen Titel *Der Prophet Habakuk wird vom Engel zum Propheten Daniel getragen, um ihm Essen zu bringen.* Das Werk wurde von Mechitar persönlich in Auftrag gegeben, zur Erinnerung an die göttliche Vorsehung, der der fromme Mann bis an sein Lebensende zutiefst vertraute. Von hier gelangt man in die Gänge des Wohntrakts mit den spartanischen Zellen der Mönche.

Durch die Vorhalle der Bibliothek, in der die kuriosesten, über die Jahrhunderte hinweg zusammengetragenen Kunstgegenstände zu bestaunen sind, gelangt man über einige Stufen in den prachtvollen Saal der Monumentalbibliothek. Ein verblüffendes, in liebevoller Handarbeit hergestelltes Kleinod ist mir bei dieser bunten Sammlung besonders in Erinnerung geblieben. Es handelt sich hierbei um die an einer aus Elfenbein geschnitzten Kette hängende „Kugel von Kanton", die von einem buddhistischen Mönch im 18. Jahrhundert gefertigt wurde. Aus einem einzigen Stück Elfenbein schnitzte er 14 Kugeln von abnehmender Größe, die sich, ineinander verschachtelt, unabhängig voneinander drehen lassen und auf denen kunstvoll Szenen aus dem Leben Buddhas dargestellt sind.

Ehrfürchtig staunend betritt man dann den eigentlichen „Saal der Monumentalbibliothek", wo sich die jahrhundertealten Schätze dieser einzigartigen Sammlung in einem verblüffend hellen, prunkvollen Saal befinden. Die wertvollen Bücher sind sorgsam in verglasten, massiven Birkenholzschränken untergebracht.

Hier befindet sich ein Großteil der armenischen Kongregationsbibliothek – fein säuberlich nummeriert und mit armenischen Zahlen versehen. 170.000 Werke, die in allen nur erdenklichen Sprachen der Antike und der Moderne verfasst wurden, sind hier auf engstem Raum untergebracht. Der Wert dieser Bibliothek ist mit normalen Maßstäben nicht zu messen. Andernorts würde sie wahrscheinlich wie eine Festung bewacht werden. Hier ist jedenfalls kein einziger Sicherheitsbeamter zu sehen.

Neben einer Gipsbüste von Antonio Canova, die den Sohn Napoleons darstellt, findet sich ein antikes Fernrohr auf einem verstellbaren Holzstativ, das einst zum Beobachten der Sterne benutzt wurde. Verlieren kann man sich auch in den zwei alten Globen, auf denen sorgfältig erstellte mittelalterliche Sternenkarten zu bestaunen sind.

Der anschließende „Saal des armenischen Museums" beeindruckt erneut durch die Vielfalt der hier ausgestellten Exponate, die von vorchristlichen Fundstücken (darunter ein mit Reliefverzierungen versehener Bronzegürtel aus dem 8. Jahrhundert v. Chr.) bis zur Totenmaske des armenischen Musikwissenschaftlers Komitas Vardapet aus dem Jahre 1935 reichen. Besonders erwähnenswert sind die beiden großformatigen

Das Refektorium: Auf dem kleinen Tisch in der Mitte des Raumes liegt die Heilige Schrift auf, aus der vorgelesen wird.

Bilder *Die Niagarafälle* und *Das Chaos*, Letzteres übrigens ein Geschenk von Papst Leo XIII. Der armenische Maler Ivan K. Aivazovsky (1817–1900), dessen allein durch ihre schiere Größe beeindruckende Prachtwerke 2011 auch in einer großen Schau in Wien zu sehen waren, hatte eine Vorliebe für überdimensionale Leinwände, auf denen er meist tosende Fluten oder biblische Szenen wie z. B. die Sintflut darstellte. Die beiden Bilder auf San Lazzaro sind für seine Verhältnisse von relativ bescheidenem Ausmaß, die Mittelformate widmen sich erneut hauptsächlich Aivazovskys Lieblingsthema, dem Wasser.

Der dem englischen Dichter und Freiheitskämpfer gewidmete „Saal des Lord Byron", der durch den Vorraum der Bibliothek betreten wird, verströmt eine Atmosphäre, die nur schwer in Worte zu fassen ist. Hier atmet man den Odem der Jahrhunderte, der Romantik und des Forschens. Nichts scheint hier verändert worden zu sein, seit der englische Romantiker in diesem Raum seinen Studien nachgegangen ist. In der Bibliothek (bzw. auf dem „Hügel von Lord Byron" im Klostergarten) sind, wie erwähnt, angeblich Teile eines seiner berühmtesten Werke, *Childe Harold's Pilgrimage*, entstanden.

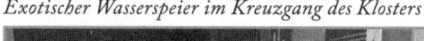
Exotischer Wasserspeier im Kreuzgang des Klosters

Die prächtigen Glasfenster stammen aus einer Innsbrucker Werkstätte

Über dem Eingang des Saals, der mit Artefakten aus der ägyptischen Frühgeschichte und einem indischen, mit Elfenbein ausgelegten Thron eingerichtet ist, hängt ein Porträt des Dichters, der mit sorgsam ausgeschlagenem Kragen verklärt auf die Seite blickt. Der eigentliche Blickfang ist aber die in einem Glassarkophag ausgestellte Mumie des Nemenkhet Amon, eines Tempeldieners des 7. Jahrhunderts v. Chr. Die Mumie gelangte erst 1825, also nach Byrons Aufenthalt auf der Insel, in den Besitz des Klosters. Der balsamierte Leichnam ist in ein Hemd aus bunten Glasperlen eingehüllt, die Zähne und das getrocknete Gehirn sind sorgfältig neben dem Kopf drapiert. Bei diesem Exemplar handelt es sich um eine der besterhaltenen Mumien der Welt.

Byron, der in den Jahren 1816 und 1817 auf San Lazzaro degli Armeni verkehrte, schloss sich hier gern ein, um Kultur und Sprache der Armenier zu studieren. Dreimal die Woche ruderte er von Venedig zur Insel, um hier oder unter einem schattigen Olivenbaum mit Blick auf die Lagune zu studieren. Dieses lauschige Plätzchen, den „Hügel von Lord Byron", sieht man durch das vergitterte Fenster des Gangs, der zum eigentlichen Herzstück der Bibliothek, dem sogenannten Manuskriptesaal, führt.

Manuskripte und Marmelade

Der zylindrische Turm des Manuskriptesaals, dessen eigenwilliger Stil an die Bauelemente der armenischen Architektur erinnern soll, stammt aus dem Jahre 1967 und wurde von dem armenischen Architekten Andon Ispenian entworfen. Dieser speziell klimatisierte Saal enthält über 4000 armenische Manuskripte, die der eigentliche Schatz des Ordens sind. Die prachtvollen Bücher, Seiten und Fragmente versetzen den Besucher aufgrund ihrer leuchtenden Farben in Erstaunen. An einigen Exponaten werden die aufwendigen Restaurierungen dieser alten Schriften mit einer „Vorher-nachher"-Gegenüberstellung vorgeführt.

Das älteste vorzufindende Manuskript stammt aus dem 9. Jahrhundert, auch die erste in armenischer Sprache gedruckte Bibel aus dem Jahre 1512 kann hier ausgiebig begutachtet werden. Steht man in der Mitte des Raums, direkt unter dem hölzernen, aus dem Plafond ragenden Zylinder, hört man durch einen raumakustischen Trick des Architekten seine eigene Stimme als Echo in der ausgeklügelt konstruierten Holzdecke.

Ich verbleibe an diesem Abschlusspunkt des Rundgangs natürlich als Letzter im Raum, um diese akustische Spielerei

An der Bootsanlegestelle der Klosterinsel muss man den Sonnenuntergang nicht teilen.

wieder und wieder auszutesten, bis mich der Padre, der die Tür verschließen will, schmunzelnd hinauswinkt.

Bevor man die Rückreise nach Venedig antritt, sollte man noch ein Vaporetto ziehen lassen. Man befindet sich dann ganz allein auf dem Vorplatz zum Kloster und kann inmitten der blühenden Pflanzenpracht und der orangerot über der Lagune untergehenden Sonne das soeben Gesehene aus einer „anderen" Welt noch etwas im Geiste ordnen, bevor man aus der idyllischen Ruhe der Insel direkt an der pulsierenden Riva degli Schiavoni aus dem Vaporetto mitten hinein in die Touristenströme entlassen wird.

Ein besonderer Tipp: Die in Handarbeit, nach einem orientalischen Rezept hergestellte *marmellata di rose*, die am Ende des Rundgangs im Mechitaristenkloster zum Kauf angeboten wird und für die die Insel seit Jahrhunderten berühmt ist (im Klostergarten werden nach wie vor die verschiedensten Spezies dieser Pflanzengattung gezüchtet), sollte man unbedingt probieren. Bei dieser himmlisch duftenden Köstlichkeit handelt es sich nämlich keinesfalls um eines der oft unter dem Namen „Rosenmarmelade" angebotenen, zumeist künstlich parfümierten Gelees, in welchen vereinzelte Blütenblätter zu finden sind. Die auf San Lazzaro liebevoll komponierte Marmelade besteht nur aus fein duftenden Rosenblüten, umgeben von ein wenig Sirup, sodass es beim Hineinbeißen richtiggehend „quietscht". Das feine Aroma und der außergewöhnliche Geschmack haften noch minutenlang am Gaumen an.

Wer es nicht bis San Lazzaro schafft und trotzdem in den Genuss dieses wirklich außerordentlichen Geschmackserlebnisses kommen will, dem sei das Rezept für die sogenannte *Vartamush* verraten:

VARTAMUSH (ROSENMARMELADE)

Zutaten
500 g unbehandelte Rosenblüten, am besten eignen sich
    die Blüten der Rosa canina (auch Hundsrose genannt)
500 g Kristallzucker
Saft von 2 Zitronen
600 ml Wasser
1 Teelöffel Rosenwasser

Zubereitung
Das Wasser in einem Topf mit schwerem Boden zum Kochen bringen, die vorsichtig gereinigten und abgetupften Blütenblätter beifügen und bei reduzierter Hitze zirka 3 Min. unter ständigem Rühren ziehen lassen. Zucker beifügen und so lange weiterrühren, bis der Sirup einzudicken beginnt (dauert ungefähr 12 Min.). Anschließend den Zitronensaft und das Rosenwasser zugeben, noch einmal gut durchrühren, Schaum abschöpfen und die Marmelade in sterile Gläser füllen.
    Die Marmelade hält sich bis zu einem Jahr.

Rechts: der sich vor den Klostertoren befindliche „Chatschkar" aus dem 14. Jahrhundert

Gianni Basso, der Letzte seiner Art

Nur indirekt mit dem Kloster San Lazzaro degli Armeni hat Gianni Basso, der letzte „Stampatore" Venedigs, zu tun, da sich seine winzig kleine Werkstatt, vollgestellt mit antiken Druckerpressen, Setzkästen (die von der 1717 bis 1991 tätigen Druckerei auf der Insel San Lazzaro stammen) und Druckwalzen, eigentlich ganz woanders, nämlich in der Nähe der Fondamenta Nuove, in der engen Calle del Fumo, befindet.

Der seit mittlerweile mehreren Jahrzehnten an dieser Adresse tätige Gianni Basso, zu dessen Kunden Politiker, Schauspieler und Intellektuelle aus der ganzen Welt zählen, wurde nämlich 15 Jahre lang in der in der ganzen Welt gerühmten Druckerei des Mechitaristenklosters ausgebildet.

Als Enkel eines Fährmanns, der zwischen dem Lido und San Lazzaro verkehrte, wurde es dem gebürtigen Venezianer aufgrund der großväterlichen Beziehungen ermöglicht, auf der Insel der Mechitaristenmönche die hohe Kunst des Druckhandwerkes von der Pike auf zu lernen. Als die Tage der klösterlichen Druckerei aufgrund der neu eingeführten Methode des Computerdrucks gezählt waren (wie für viele andere auch), entschloss sich der frischgebackene Schriftsetzer und Buchdrucker, sich in der Calle del Fumo niederzulassen.

Sein Vorgänger, ebenfalls ein Drucker, der aufgrund der Nähe zur Friedhofsinsel San Michele auf Partenzettel spezialisiert war, hatte das Handtuch geworfen. Die ersten Jahre waren sehr schwer, doch Gianni Basso, der sich auf Visitenkarten, Lithografien und Exlibris auf edlen Büttenpapieren spezialisiert hatte, wurde nach und nach zum international gefragten Geheimtipp, als der er – als „Letzter seiner Art" – noch immer gehandelt wird.

Sein Ein-Mann-Betrieb arbeitet nicht nur in Bezug auf das Drucken ganz nach der alten Schule. Elektronische Gerätschaften wird man hier vergeblich suchen. Bezahlen kann man bei Signor Basso ebenfalls nur bar. Aber auch in Bezug auf seine Kunden ist dieser Mann sehr eigen. Wer bei ihm Visitenkarten in Auftrag geben will, der muss sich schon vor Ort begeben. Signor Basso druckt nur für Menschen, die er auch persönlich „kennt". Originalzitat: „Ich arbeite nicht für jeden!"

Die Qualität seiner Drucksorten ist über jeden Zweifel erhaben. Wer bei ihm seine persönlichen Visitenkarten in Auftrag gibt, kann ihm blind vertrauen. Denn Gianni Basso hat das gewisse Gespür und weiß intuitiv, was zu wem passt. Wer also wissen will, wo Schauspieler wie Angelina Jolie oder Hugh Grant ihre Visitenkarten drucken lassen, der kommt an dem unscheinbaren Geschäftslokal in der schmalen Calle del Fumo nicht vorbei.

Besuchen Sie den „Gutenberg di Venezia", wie er sich selbst bezeichnet, solange es dieses Kleinod noch gibt, denn einen Lehrling darf Signor Basso leider nicht beschäftigen, da seine Werkstatt mit den antiken Geräten als Ausbildungsstätte so ganz und gar nicht den gesetzlichen Bestimmungen entspricht. Somit scheinen die Tage dieser Druckerei gezählt.

Gianni Basso
Calle del Fumo, Cannaregio 5306

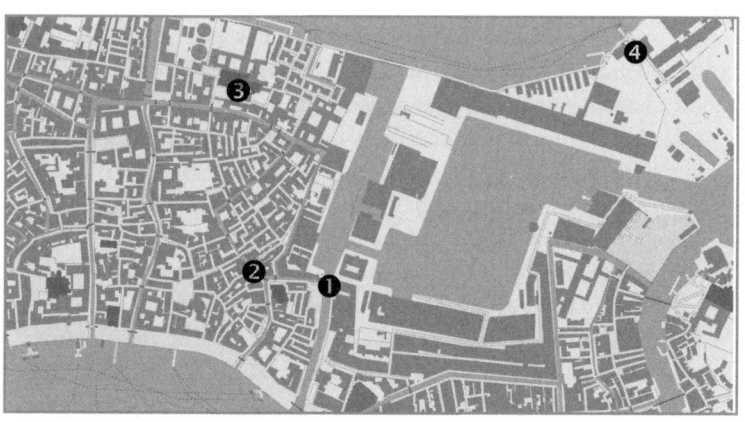

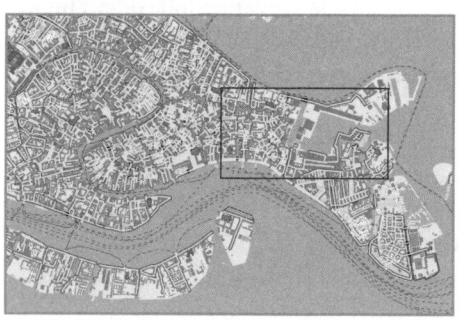

1 *Arsenal: Ingresso all'Acqua und Ingresso di Terra*

2 *San Martino Vescovo*

3 *San Francesco della Vigna*

4 *Eingang zu den Arsenal-Docks*

Die „Rückseite" der Stadt

Castello

Schroff,
aber ehrlich

„Ein Arbeiterbezirk mit den meisten ‚echten‘ Venezianern, am Ende von Venedig gelegen, schroff, aber ehrlich!", so hat mir vor einigen Jahren ein Bewohner Castellos seinen Sestiere voller Stolz beschrieben. Castello ist nach wie vor ein sicheres Ziel, wenn man einmal mutterseelenallein, fernab der Touristenströme durch Venedig bummeln will. Einen Blick hinter die Kulissen, in das nicht immer so romantische Alltagsleben der Bewohner Venedigs, bekommt der aufmerksame Betrachter gratis dazu. Castello ist der größte Bezirk Venedigs und gleichzeitig der einzige Sestiere der Stadt, das nicht an den Canal Grande angrenzt. Vivaldi bezeichnete Castello als „meine Heimat". Was diesem Bezirk an Pracht fehlt, macht er mit einer außergewöhnlich hohen Dichte von Kunstschätzen wett.

Die eindrucksvollsten und oft auch schönsten Erlebnisse in Venedig widerfuhren mir, wenn ich mich ganz ohne Plan und festes Ziel durch die Gassen der Stadt treiben ließ – wenn ich den inneren Orientierungssinn ausschaltete und ganz einfach meiner Nase folgte –, oftmals in Sackgassen landete, die an einem Kanal abrupt endeten, oder in dunklen Hinterhöfen und Stiegenaufgängen, an die noch nie ein Strahl der Sonne gedrungen war.

Arsenal: Ingresso all'Acqua

Dabei war es mir oft vorbehalten, unbekannte Aspekte der Stadt und kleine liebenswerte Details zu entdecken. Nicht immer spektakulär oder geheimnisvoll, aber immer durchzogen von neuen Erkenntnissen, die wie ein weiterer Puzzlestein dem unerschöpflichen „Labyrinth" Venedig beigefügt werden konnten. Trotz unmittelbarer Nähe zu den viel besuchten Sehenswürdigkeiten San Marcos – die die meisten Venezianer vor Sonnenuntergang tunlichst meiden – sind die verwinkelten Gassen und Kanäle, die den benachbarten Arbeiterbezirk Castello durchziehen, meist ruhig und beschaulich. Hektisches Treiben ist eher die Ausnahme und manchmal hat man hier die Stadt, zumindest für einige Augenblicke, für sich allein. Wählt man seine Route geschickt, dann kann man sich zwischen Markusplatz und Sant'Elena stundenlang herumtreiben mit dem Gefühl, der einzige Entdecker weit und breit zu sein. Die mit morbidem Flair behaftete „Rückseite" der Stadt vermittelt gerade auf dem weitflächigen Areal des Arsenals eine ganz eigene Stimmung. Die Einblicke, die Venedig hier preisgibt, zeigen die Stadt der Paläste und Kirchen aus völlig anderer Perspektive. Manche Plätze in Castello scheinen einer anderen Zeitrechnung zu folgen.

Am Eingang zum ehemaligen Herzen der Stadt

Bei den Giardini verlasse ich das überfüllte Vaporetto, da an diesem warmen Herbsttag alles in Richtung Lido strömt, um dort den Tag am Meer zu genießen. Ich marschiere die Riva degli Schiavoni entlang und erfreue mich am Rundum-Ausblick über die Lagune. An der Via Garibaldi vorbei, wo geschäftiges Treiben herrscht, muss ich mich durch eine beachtliche Anzahl an Touristengruppen aus allen fünf Kontinenten schlängeln, die sich hier ein Stelldichein geben.

Eine japanische Reisegruppe, die dem eisern hochgehaltenen lila Micky-Maus-Schirm ihres Reiseführers im Laufschritt hinterherhechelt, mäht mich fast um. Die Japaner strömen mit ernsten Gesichtern, ihre Fotoapparate auf Dauerfeuer eingestellt, links und rechts an mir vorbei wie eine Gruppe Kinder. Ich verharre regungslos, bis sie an mir vorbei sind, und biege rechts zum *Arsenale* ab.

Die Brücke vor dem Haupteingang des Arsenals querend, lehne ich mich an das Geländer der Holzbrücke und sehe den Arbeitern auf dem Müllboot zu, die gerade Plastiksäcke und nicht mehr benötigten Hausrat verladen. Die Arbeiter pfeifen dabei alle dieselbe Melodie, mit gut aufeinander eingespielten

Arsenal: Ingresso di Terra

Bewegungen bilden sie eine Menschenkette. Manchmal muss der hydraulische Greifarm helfend ausgefahren werden, wenn es sich um sperrige Gegenstände handelt.

Hier auf der Fondamenta Arsenale geht es schon weitaus gemächlicher zu. Die Sonne ist angenehm warm auf der Haut zu spüren, und der Geruch der Lagune hängt in der feuchten Luft. Eine Gruppe Kinder im Vorschulalter überquert im Gänsemarsch den Campo vor dem Arsenal. Alle tragen Plastikjacken im selben grellen Farbton und halten sich brav an den Händen. Selbst die beiden erwachsenen Begleiterinnen stecken in den unübersehbaren Bekleidungsstücken. Die Kinder schnattern und quietschen vergnügt, bis sie eine der beiden Betreuerinnen mit einem Händeklatschen wieder zur Ruhe gemahnt.

Ich betrachte den steinernen Löwen auf der linken Seite des Tores, der den Eingang des Arsenals seit dem 17. Jahrhundert bewacht. 1687 wurde er vom Dogen Francesco Morosini als Kriegsbeute vom Peloponnes nach Venedig gebracht, nachdem Morea, so die mittelalterliche Bezeichnung der griechischen Halbinsel, wieder von den Türken zurückerobert werden konnte. Ursprünglich bewachte der steinerne Löwe den

Ein bronzenes Einhorn, das „Auge Gottes"

Eingang zum Hafen von Piräus in Athen. Auf der imposanten Steinfigur und auf dem Sockel sind geheimnisvolle Runen und Symbole eingeritzt. Diese stammen angeblich von Söldnern aus dem skandinavischen Raum, die im Sold des Byzantinischen Reichs standen.

Auf einem alten Venedig-Foto vom Anfang des 20. Jahrhunderts ist noch ersichtlich, dass hier früher, quer über das Eingangsportal, eine aufklappbare Pergola aus gestreiften Stoffbahnen angebracht war, die den hier Wache schiebenden Soldaten kühlenden Schatten (*ombra*) vor der unbarmherzigen Sonne spendete. Heute erledigt eine bewegliche Videokamera, die an einem Fenstergitter in der Mauer angebracht ist, die Überwachung.

Die Statue der Justitia mit der Waagschale in der einen und dem hochgeschwungenen Schwert in der anderen Hand bewacht, eingebettet in ein Ensemble aus steinernen Figuren, stumm den Zutritt zu der einst bedeutendsten Schiffswerft des Mittelmeerraums. Hier schlug das Herz der Stadt, in einer Art vorzeitlicher Fließbandproduktion liefen Kriegsschiffe vom Stapel, die es der Serenissima ermöglichten, ihre Vormachtstellung auf See auszubauen.

Mystische Stimmung in San Martino

Ich lasse den mit prachtvollen steinernen Monumenten umrankten Eingang hinter mir. Neben dem Portal eines benachbarten Palazzos angebracht, sticht ein ungewöhnliches Schild mit dem bronzenen Kopf eines Einhorns ins Auge. Die Nüstern des Fabelwesens sind gen Himmel gereckt, das Maul halb offen. In der Mythologie wird das Einhorn auch als „Auge Gottes" und als Freund der Elfen bezeichnet. In der Schatzkammer des Markusdoms befinden sich bis heute zwei Stoßzähne eines Narwals, die einst von Kreuzfahrern als Kriegsbeute dem Dom vermacht wurden. In der damaligen Zeit hielt man diese Stoßzähne für die Hörner des Einhorns.

Ein Stückchen weiter steht die aus dem 6. Jahrhundert stammende Kirche San Martino Vescovo mit ihrem hoch aufragenden gotischen Campanile aus dem 14. Jahrhundert. Die Kirche, so wie sie heute vor mir steht, wurde im 16. Jahrhundert nach einem Entwurf von Jacopo Sansovino umgebaut. Sansovino war nicht nur einer der führenden Architekten seiner Zeit, so zählt etwa der Palazzo Corner am Canal Grande, die Loggia des Campanile von San Marco sowie die Basilika San Francesco della Vigna zu seinem umfangreichen Werk. Auch seine Bronzen und Marmorfiguren sind an verschiedenen

Das „Letzte Abendmahl" des Bellini-Schülers Girolamo Santacroce
wird von knieenden Engelsfiguren gehalten.

Orten Venedigs zu entdecken. Die *Madonna mit Kind* beim
Eingang des Arsenals stammt ebenfalls von ihm.

Von außen zeigt sich die Kirche eher unspektakulär, umso
mehr verblüffen die prachtvollen Wandmalereien im Inneren von
San Martino. Die blutroten Glasfenster hinter dem Altarkreuz,
durch die das Tageslicht fällt, tauchen den Innenraum in ein
tiefes Rot und erzeugen somit eine mystische Stimmung. Ehrfürchtig gebannt durchquere ich das Kirchenschiff, meine Sohlen
quietschen leise auf dem Marmorboden. Das leise Echo verhallt
an der Decke des mit dunklem Holz getäfelten Kirchenraums.

Die durchgesessenen Bankreihen, die Beichtstühle und das
Karomuster des Marmorbodens sind mit tiefem Scharlachrot
überzogen. Ich mache ein Foto, entgegen meinen Angewohn-
heiten auch einen zusätzlichen Abzug in Farbe – zu beeindruckend ist der Farbton, der das Innere der Kirche durchflutet. So stellt man sich den letzten Raum in Edgar Allen Poes
The Masque of the Red Death vor. An der Empore der reichlich
verzierten Orgel befindet sich eine Darstellung des Letzten
Abendmahls des Renaissancekünstlers Girolamo Santacroce
aus dem 16. Jahrhundert.

Spaziergang durch einen venezianischen Mittag

Ich verlasse das Gebetshaus, in dem die Stille fast greifbar ist, und gehe an dem kleinen Kanal entlang, der an der Seitenmauer des *Arsenale* weiterführt. Zwischen den von der salzigen Luft zerfressenen Ziegeln der zinnenbewehrten Mauer prangt stolz ein kleiner venezianischer Sandsteinlöwe. Auf den Zinnen wuchert das Unkraut. Dahinter ist ein Funkturm mit vielen kleinen Satellitenschüsseln zu erkennen.

Auf dem Wasser wiegen sich kleine Boote unter den pittoresken Brücken, und die starke Strömung, die die Lagune in stetigem Fluss, in die eine oder in die andere Richtung durchflutet, schaukelt die hier angeleinten Boote sanft gegen die steinerne Umgrenzung des Kanals. Die Sonne bricht sich im smaragdgrünen Wasser.

Ich biege in die schmale Calle dell'Anzolo, die Gasse der Engel, ein. Trotz himmlischem Namen ist es hier düster. Nur aus einem Vogelkäfig auf einer Fensterbank zwitschert ein gelber Sittich fröhlich auf mich herab. In seinem Käfig hängt ein kleiner Spiegel, gegen den der Vogel mit seinem Schnabel klopft. Aus dem Raum dahinter erklingen Küchengeräusche und das Klappern von Geschirr. Ein selbst für hiesige Verhältnisse ungewöhnlich niedriger *sotoportego* (Durchgang unter einem Gebäude) befindet sich am Ende der dunklen Calle. An dem Heiligenbild über dem Durchgang sind verblichene Plastikblumen in blassem Rot und Gelb angebracht. Hier kommt nur durch, wer sich demütig bückt.

Ich passiere den Durchlass unverbeulten Hauptes, biege nach rechts in die Calle Celsi ein und betrachte über einem Torbogen eine in Stein gehauene feenhafte Engelsgestalt, die von Igeln umgeben ist. Die eine Hand mit zwei ausgestreckten Fingern gegen den Himmel erhoben, die andere ihr Kleid raffend. Durch ein vergittertes Fenster im ersten Stock, hinter dem sich ein anscheinend versteckter Garten befindet, kann man direkt in den blauen Himmel blicken.

Abrupt endet das kleine Gässchen nach einer scharfen Biegung, und ich befinde mich wieder an dem Kanal, der entlang der Arsenalmauer führt. Die verwitterten Ziegelsteine der schmucklosen Mauer begrenzen den Blick. In das wuchernde Unkraut auf den Zinnen der trutzigen Ziegelmauer ist das Nest eines Turmfalken eingebettet, kleine blinde Häupter mit offenen Schnäbeln strecken ihre Köpfe aus dem Nest. Ich starre hoch und sehe der Fütterung der kleinen flaumigen Lebewesen zu, die von der Falkenmutter reihum mit Käfern und Essensabfällen abgefüttert werden.

Eine fette Spinne lässt sich gerade an einem glitzernden Faden zielstrebig von einer in der Mauer verankerten Bogenlaterne herab. Die langen Beine des Insekts bewegen sich dabei unablässig. Die scharfen Augen des Vogels erspähen das Spinnentier, und in einem eleganten Spiralbogen lässt sich der Raubvogel mit ausgebreiteten Schwingen von der Mauer herab, um sich das Insekt im Flug zu schnappen und anschließend einem seiner Küken in den offenen Schnabel zu stopfen.

Immer wieder verschwindet die Falkenmutter, nur um kurze Zeit später mit kleiner Beute im scharfen Schnabel, die sie in den benachbarten Calli aufgelesen hat, wieder

Einer der niedrigsten sotoporteghi *Venedigs bei der Calle dell'Anzolo*

zurückzukehren, die sogleich in den hungrigen Mäulern der kleinen Nesthocker verschwindet.

Auf dem Campo Do Pozzi stehen Venezianer Rücken an Rücken und arbeiten sich durch den *Corriere.* Ich verharre unbemerkt und beobachte die fast schon surreal anmutende Szene der unbeweglich verharrenden Zeitungsleser. Beide stehen mehrere Minuten, nur eine Handbreit voneinander entfernt, regungslos da, vertieft in ihre Lektüre, bis sie wortlos auseinandergehen, ohne sich eines Blickes zu würdigen.

Ich bummle durch die engen Gassen, lasse mich treiben. Nur selten begegnet mir jemand. Aus Fenstern dringt der mittägliche Küchenlärm. Es duftet nach gerösteten Zwiebeln und frisch geschnittenem Petersil. Atemberaubend altertümliche Unterwäsche, manchmal in wahrlich erstaunlichen Dimensionen, ist für alle gut sichtbar zum Trocknen vor den Fenstern aufgehängt. Die Wäscheleinen sind dicht nebeneinander quer über die Gasse gespannt. Aufgrund der hier exponierten Bekleidungsstücke kann man Rückschlüsse auf die Anzahl der Personen ziehen, die hier unter einem Dach zusammenwohnen. Manchmal dürfte es die Wäsche von drei Generationen sein, die hier trocknet.

Blick von der Ponte dei Scudi

Kein Lüftchen weht, als ich auf der Ponte dei Scudi den darunter durchfließenden Kanal betrachte. Das Wasser ist gekräuselt, in einem verwischten Abbild spiegelt sich darin die malerische Szenerie der Umgebung, gleich einem Bildnis von Monet. Das Wasser plätschert gegen die Häuser, als ein Außenborder mit zwei Frauen an Bord vorbeituckert. Als der Motor außer Hörweite ist, kehrt wieder Stille ein. Mittägliche Ruhe liegt in den Gassen. Die schmalen Campi und Calli des Sestiere liegen um die Mittagszeit wie ausgestorben vor mir. Menschen sind nur vereinzelt anzutreffen. Hier kann man sich ungestört seinen Tagträumen hingeben.

Ein tief hervorgepresstes „Oi" (Ahoi) eines Gondolieres schallt um die Ecke. Zuerst erscheint der Bug mit seinem typischen Beschlag, dann die mit kunstvollen Schnitzereien versehene, schwarz lackierte Gondel und schließlich kommt auch der auf dem Heck stehende Gondoliere um die Ecke gebogen. Zwischen schief gelegtem Kopf und Schulter hat er ein *telefonino* gepresst, in das er mit seiner tiefen, heiseren Stimme spricht. Dem Gespräch ist zu entnehmen, dass er mit seinem passagierlosen Gefährt den heimatlichen Mittagstisch ansteuert.

Ich gehe an den verschlossenen Rollbalken der Bar an der Ecke der Gasse mit dem umständlichen Namen Calle va al Ponte dei Scudi vorbei, einer Bar, die bereits mehrmals als Kulisse für Film- und Fernsehproduktionen diente. Heute ist der Platz verlassen und die Rollbalken verwehren einen Einblick in das Innere. Der Commissario trinkt seinen Kaffee heute anscheinend woanders.

Über die Salizada San Francesco, wo sich die Einwohner Castellos mit den für den Alltag benötigten Dingen eindecken, duftet es nach frisch gebackenem Brot aus der geöffneten Ladentür des *panificio*. Die Verkäuferin stellt gerade ein riesiges Blech mit strahlend weißer Meringe in das Schaufenster. Ich kann nicht widerstehen, lasse mir *un etto* von dem süßen Gebäck in eine Papiertüte füllen und schiebe die poröse Zuckermasse Stück für Stück in den Mund. Ich lasse sie langsam zergehen, während ich das Angebot des Obst- und Gemüsehändlers in Augenschein nehme. Die für Venedig typischen kleinen Artischocken stammen laut *Offerta*-Schild aus der Lagune von der Gemüseinsel Sant'Erasmo. Leuchtend lila und knackig stechen die Radicchio-Stangen ins Auge, die, mit etwas Pancetta und einem guten Olivenöl in der Pfanne gebraten, ein einfaches, aber schmackhaftes Mahl abgeben würden.

Das Klublokal des örtlichen Fußballvereins ist bis auf einen Tisch mit vier Männern gähnend leer. Die Männer spielen leise, fast schon bedächtig Karten und nippen an ihren Weingläsern. Der Wein kommt aus der Bastkaraffe, die auf der Bar thront. Aus dem antik anmutenden Radio wirbt eine durchdringende Stimme für eine Automarke. Viele Venezianer haben nach wie vor keinen Führerschein, geschweige denn ein Auto.

Das Al Canton del Vin vis-à-vis ist eine der für Venedig so typischen Nachbarschaftsweinhandlungen, wo man mit mitgebrachten Flaschen oder Kanistern (der Fantasie sind hierbei keine Grenzen gesetzt) herrlich einfache Trinkweine für zu Hause erstehen kann (s. Tipp S. 76–78).

San Francesco della Vigna

Über den Ramo al Ponte San Francesco, vorbei an einem mit bunten Graffiti verzierten Kulturzentrum, in dem gerade eine Reggaeband probt, gelange ich zur Kirche und dem Kloster San Francesco della Vigna. Ich kreuze den Säulengang, der vielen als Filmkulisse aus etlichen Film- und Fernsehproduktionen in Erinnerung sein dürfte. Der Entwurf der Fassade stammt von Jacopo Sansovino, fertiggestellt wurde der Bau von Andrea Palladio. Neben San Giobbe und Santa Maria Gloriosa dei Frari ist San Francesco della Vigna die dritte Franziskanerkirche von Venedig. An dieser Stelle befand sich vor dem Bau der Kirche ein Weingarten, den die „Frari Minori ", die minderen Brüder (= Minoriten), von Marco Ziani, einem Dogensohn, im 13. Jahrhundert geschenkt bekommen hatten.

Das abgelegene Kloster kann mit einem echten Bellini, der in einer kleinen Seitenkapelle ausgestellt ist, aufwarten. Man beachte den von Pfeilen durchbohrten heiligen Sebastian, der sich neben Maria und dem Jesuskind befindet und beiden die Show stiehlt. Ein weiterer Blickfang ist der prächtige Campanile, der, neben dem von San Marco und dem auf der Insel San Giorgio Maggiore, das Panorama von Venedig bestimmt und fast nie in einem Führer Erwähnung findet.

Nicht San Marco, sondern der Campanile von San Francesco della Vigna

Nachdem ich das Gewölbe der einschiffigen Kirche durchschritten habe, finde ich mich unvermittelt im Kreuzgang wieder, mit einer Statue des heiligen Francesco und den Skeletten der beiden ehemaligen Gasometer im Hintergrund. Die Türen, die hier abzweigen, sind mit *Convento* oder *Clausura* beschildert. Die beschauliche Atmosphäre lädt zum Verweilen und Innehalten ein. Ein idyllischer Ort abseits des alltäglichen Trubels, der durch die Straßen Venedigs zieht.

Ich setze mich auf das Steinmäuerchen im Kreuzgang. Einzig das sanfte Plätschern des Wassers aus dem am Boden liegenden Gartenschlauch und der glockenklare Gesang eines Singvogels, der schräg vis-à-vis von mir auf der Fensterbank sitzt und nur den Schnabel zu seinem bezirzenden Lied bewegt, sind zu hören. Der Duft der Kräuter, die hier im Klostergarten gedeihen, liegt würzig in der von Feuchtigkeit geschwängerten Luft, die Wolkendecke reißt kurz auf. In Anbetracht der Sonne scheint der Singvogel seine Anstrengungen und sein Zwitschern zu verdoppeln. Sein Lied wird immer lauter, bevor er sich in die Luft erhebt und über das Dach entschwindet.

Durch einen kleinen Durchlass in der Klostermauer erreicht man den Hof hinter dem Kloster, wo sich der Zugang

Fußballmatch im Klosterhof

zum Campanile befindet. In dem zum Fußballplatz umfunktionierten Hof bolzen drei Buben. Eine kleine Kapelle begrenzt das Spielfeld seitlich, die Balkone der umliegenden Wohnhäuser sind mit Leitern und gestapelten Gartenmöbeln vollgestellt. Wäscheleinen sind entlang der Mauer gespannt. Alle drei Knaben werden von ihren Müttern zum Essen gerufen. Widerwillig unterbrechen sie ihr Spiel und trotten davon. Auf meine Frage, ob der Campanile begehbar sei, winken sie unisono Nein, bevor sie mich allein auf dem Hof zurücklassen. Schade!

Auf den Simsen des Turms, der weit in den Himmel reicht und in Schönheit seinen beiden Pendants um nichts nachsteht, wächst Gras und Unkraut. An seinem Fuße sind die Stangen eines Fußballtors einbetoniert.

Calle Sagredo: Man beachte das Tor ins „Nichts" unter dem Durchgang

Das hinterste Ende der Stadt

Von der nahen Vaporettostation Celestia weht der klagende Ton eines Schiffshorns und bricht sich zwischen den Häusern. Durch die Wohnblocks des Celestia-Viertels gelange ich an das hinterste Ende der Stadt. In der Calle Sagredo steht ein alter Torbogen an eines der neueren Häuser angelehnt. Ein weiteres Tor, das ins Nichts zu führen scheint. Eine betonierte Treppe mündet in einen metallenen Brückensteg, der sich entlang der hinteren Mauer des Arsenals schnurgerade einige hundert Meter entlangschlängelt. Hier geht es zur „Rückseite" Venedigs. Der metallene Boden schwingt und dröhnt, als ich diesen bizarren Weg an der Mauer des Arsenals entlangschlendere. Unter mir befindet sich das Wasser der Lagune, zu meiner linken Seite ziehen Boote und Vaporetti vorbei. Der Himmel hat zwischenzeitlich zugezogen und vereinzelt tropft es auf den Metallgitter-Boden des Stegs.

Die Werftkräne auf dem Arsenal-Gelände erstrecken sich über den Horizont. Auf dem abblätternden Verputz der Ziegelmauer hat jemand „Open your Mind, Change the World" gesprüht. Hier begegnet mir eine völlig andere Welt. Teilweise verfallen, teilweise in einem langsamen Wiederaufbau befindlich. Das Areal war viele Jahre lang für die Öffentlichkeit

Venedigs „Rückseite"

absolutes Sperrgebiet. Das Arsenal wurde erst in den letzten
Jahren, vor allem im Rahmen der Biennale, Stück für Stück
wieder zugänglich gemacht.

Während der Kunstbiennale kann man von hier, im letzten
Drittel des Stegs, den chinesischen Pavillon betreten. Ist man
dem Steg bis an sein Ende gefolgt, befindet man sich in einer Reihenhaussiedlung, die früher von Bediensteten des Arsenals, von *Arsenalotti*, bewohnt wurde. Jahrelang standen diese
kleinen, an eine Miniaturkaserne erinnernden, schmucklosen
Wohnbaracken leer, bis man sich vor Kurzem entschloss, sie
zu renovieren. Vereinzelt wurde das auch schon ambitioniert
in Angriff genommen, wie man an einigen bereits adaptierten
Wohneinheiten inklusive Miniatur-Vorgärten erkennen kann.
Der Rest dieser Siedlung „am Ende der Welt" steht noch immer verfallen mit vernagelten oder eingeschlagenen Fenstern
und wartet auf seine Wiedererweckung. Das Schild der Ha-
fenmeisterei besagt, dass der Umbau bereits vor mehr als einem Jahr vollendet gewesen sein sollte. Sieht momentan nicht
danach aus.

Am Ende der Siedlung findet sich ein Durchlass, an dem
man das Gelände der Arsenal-Werften betreten kann. Vorbei

an einem gut versteckten Sportplatz, neu renovierten Indust-
riebauten (in einem davon ist das meereswissenschaftliche Ins-
titut von Venedig untergebracht), entdecke ich die industrielle
Seite der Stadt, deren überwiegender Teil nach wie vor einer
dringenden Sanierung bedarf. Umso stärker ist der Kontrast
zu den neu adaptierten Gebäuden, die neben halb verfallenen
Hallen mit leeren Fensterhöhlen stehen und eine gespensti-
sche Atmosphäre ausstrahlen. Moderne Architektur und De-
sign gepaart mit dem morbiden Charme verfallener Industrie-
komplexe. Der Sitz von „Comar" (*Construzioni Mose Arsenale*)
befindet sich ebenfalls auf diesem Gelände.

Eine Terminanfrage, um ein Gespräch über den Status quo
des *Mose*-Projekts am Lido zu führen, wurde mir leider nicht
beantwortet. Telefonisch konnte mir man auch nicht weiter-
helfen. Ich probiere auf gut Glück das Eingangstor, das in die
heiligen Hallen der Konstruktionsfirma führt, scheitere aber
auch da an der versperrten Tür. Auf mein Klingeln erfolgt
ebenfalls keine Reaktion. Man hält sich in der letzten Stufe
dieses Milliardenprojekts sehr bedeckt.

„Frei schwebendes" Vaporetto im Trockendock

Von allen Seiten ist abwechselnd das Bohren, Hämmern und Sägen der Arbeiter zu hören. Einer der Arbeiter kommt mir auf einem Fahrrad entgegen. Er hebt die Hand zum Gruß und ist mit seinem klapprigen Untersatz bereits wieder um die Ecke gebogen, wo er in dem riesigen Tor einer der Werfthallen verschwindet. Die Luft hier riecht nach Lack, nach geschweißtem Metall und nach dem Wasser der nahen Lagune.

Boote stehen hier auf rollbaren Metallböcken und warten auf einen neuen Anstrich. Ein frisch lackiertes Vaporetto glänzt in neuer Pracht. Ich ergreife die sich bietende Gelegenheit und betrachte die Unterseite des Bootes, die sich normalerweise unter der Wasserlinie befindet. Das Linienboot ist so hoch aufgebockt, dass ich darunter durchgehen kann, ohne mich bücken zu müssen.

Der Regen setzt wieder für kurze Zeit ein. Es ist absolut windstill und die Oberfläche des weitläufigen Arsenal-Beckens ist fast spiegelglatt.

Drei Docks, in denen Reparaturarbeiten oder Rumpfkonstruktionen durchgeführt werden, sind noch in Betrieb. 1871 und 1879 erfolgte der Bau des ersten Docks. Das größte Trockendock mit einer Länge von 250 Metern wurde während des Ersten Weltkrieges im Jahre 1917 fertiggestellt. Hier an der Porta Nuova befand sich auch ein Mastenkran, der in der Zeit Napoleons für das Arsenal entworfen wurde. Diese spezielle Vorrichtung sollte zur Einsetzung von Masten in Schiffsrümpfen dienen. Fertiggestellt wurde der Kran erst in der Regierungsperiode der Österreicher. Eine lange Lebenszeit war dieser Konstruktion allerdings nicht beschieden, da bereits im Jahre 1885 der erste hydraulische Kran in den Anlagen des Arsenals installiert wurde.

Die Werftarbeiter kehren von ihrer Mittagspause zurück und ich mache mich wieder auf den Rückweg. Bei der Vaporetto-Station Bacini warte ich auf ein Linienboot, aus einem vorbeituckernden Fischerboot schallt *Miss You* von den Rolling

Stones. Die Sonne scheint wieder über der Lagune und lässt Murano und die Friedhofsinsel San Michele erstrahlen. Am Horizont ist das Panorama der schneebedeckten Alpengipfel zu sehen.

Castello-Tipp

Al Canton del Vin – Vini, Spumanti, Grappe
Salizada San Francesco, Castello 3156
Unmittelbar auf der Salizada San Francesco, eine der wenigen noch in ihrer Ursprünglichkeit erhaltenen Einkaufsstraßen Venedigs, befindet sich die kleine Weinhandlung Al Canton del Vin. Umgeben vom grün-schwarz bemalten Vereinslokal des örtlichen Fußballklubs (des bereits seit 1907 existierenden „Nero Verde alla Vigna"), einem Spielwarengeschäft, dessen buntes Sortiment, Kinderaugen zum Leuchten bringend, auf dem Gehweg ausgestellt ist, und einem dieser für Venedig so typischen „old school"-Haushaltswarenläden, wo Plastiktischläufer zum Meterpreis von der Rolle geschnitten werden und die Auswahl der angebotenen Staubwedel schier unüberschaubar ist, wird man in dieser Gasse vergeblich nach den üblichen Touristenkitsch anbietenden Händlern suchen.

Hier kaufen vorwiegend die Bewohner des Grätzels die Dinge ein, die für den Alltag notwendig sind. Die hier ansässigen Bars, Geschäfte, aber auch die Vereinslokale und Kantinen der politischen Gruppierungen sind spartanisch und einfach gehalten, sodass sich der Andrang Ortsfremder in angenehmen Grenzen hält und sich eine gewisse Urtümlichkeit in diesem Viertel bis heute erhalten konnte.

Seit 2004 existiert die kleine Weinhandlung Al Canton del Vin, die Manuel Casagrande mittlerweile von seiner Mutter übernommen hat. Von ihr, die als Sommelière ausgebildet

Arsenal-Docks

wurde, erwarb er das notwendige Fachwissen. Heute führt
er das Geschäft mit einer kleinen Auswahl regionaltypischer
Weine alleine. In den Regalen findet man eine breite Palette
der gängigen Rebsorten des Veneto und des benachbarten
Friaul, überwiegend zu moderaten Preisen, den Bedürfnissen
der Umgebung angepasst. Aber auch für festliche Tafeln kann
man den einen oder anderen Tropfen aus der Toskana (Biondi
Santi) oder dem Piemont (Alberto Fenocchio) entdecken, für
den man schon ein bisschen tiefer in die Tasche greifen muss.
Eine kleine Auswahl sprudelnder Weine, die vom einfachen
Spumante bis zum Pol-Roger-Rosé-Champagner reicht, und
eine Selektion Grappe runden das Sortiment ab.

Das Hauptaugenmerk des Al Canton del Vin liegt aber eindeutig auf dem Angebot der offenen Weine, die man hier aus
großen Korbflaschen literweise beziehen kann. Aber nicht nur
das Auge wird hier verwöhnt, auch der Geruchssinn des Wein-
liebhabers wird hier verführt! Das aus den offen angebotenen
Weinen resultierende Aroma des Verkaufsraums gepaart mit
der Grundfeuchtigkeit des venezianischen Gemäuers weckt
Erinnerungen an den typischen Geruch eines Weinkellers.
Viele Kunden bringen ihr eigenes Gebinde mit, welches von

Manuel Casagrande hat für jede Gelegenheit den passenden Wein parat.

der Liter-Glasflasche bis zum großen Plastikkanister, abhängig von der jeweiligen Größe des Dursts, reichen kann.

Die preisgünstigen, aber nichtsdestotrotz äußerst schmackhaften offenen Tischweine von der Tenuta Belcorvo in der Nähe von Treviso sind in ihrem Alkoholgehalt eher im unteren Bereich angesiedelt und eignen sich so bestens als Speisenbegleiter für den Alltagsgebrauch.

Bei meinem Besuch gustiere ich ein bisschen herum und entscheide mich für einen Liter Prosecco Spento (die nicht schäumende, stille Variante) und eine Bouteille Refosco 2009 vom Weingut Perusini aus Corno di Rosazzo in den Colli Orientali, die als abendlicher Speisebegleiter zum Stabmuschel-Risotto bzw. für das Ossobuco in Refosco mit gebratenen Rosmarinkartoffeln dienen sollen. Wie sich zu späterer Stunde herausstellen wird, waren beide die perfekte Wahl für den abendlichen Schmaus.

AMARONE-STEINPILZ-
RISOTTO MIT PORTWEIN

Das Rezept für diese Risotto-Variation habe ich vor etlichen Jahren von einem Weinhändler aus Castello bekommen, der mir bei meinen Weinkäufen immer wieder die Ideen für die passenden „Speisebegleitungen" zu seinen Weinen mitlieferte.

Zutaten für 2 Personen
250 g Rundkornreis
45 g Butter
1 kleine Zwiebel, fein gewürfelt
1 l Kalbsfond
0,5 l Amarone (oder ein anderer gehaltvoller Rotwein)
1 Glas Portwein
1 Handvoll getrocknete Steinpilze, in Wasser eingeweicht
2 EL natives Olivenöl
Salz und Pfeffer

Zubereitung
Die gewürfelte Zwiebel im Olivenöl bei mittlerer Hitze anbraten. Den Reis einrühren und mit dem Olivenöl überziehen. Salzen und pfeffern. Unter ständigem Rühren (der Reis darf sich nicht auf dem Topfboden festsetzen) abwechselnd mit Kalbsfond und Amarone aufgießen, bis das Risotto die gewünschte cremige Konsistenz hat. Erst gegen Ende der Kochzeit (hängt vom Risotto-Reis ab) die eingeweichten Steinpilze und den Portwein zugeben. Die Butter unterheben und sofort servieren.

Eignet sich auch als Beilage zu herbstlichen Wildgerichten.

Weinempfehlung: Amarone della Valpolicella vom Weingut Ca'Rugate aus Montecchia di Crosara bei Verona

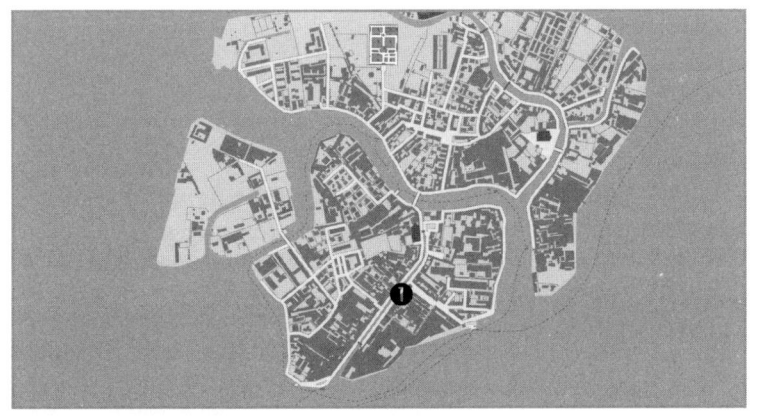

1 Osteria Acquastanca

Genuss zwischen Ebbe und Flut

Die Insel der Glasbläser

Müdes Wasser

Wer bei seinem nächsten Venedig-Trip einen Ausflug auf die Glasbläserinsel Murano plant, dem sei hier das Lokal von Giovanna und Caterina Nason ans Herz gelegt. Die Osteria der beiden Damen liegt zentral an der Fondamenta Manin unmittelbar an der Ponte de Mezo und gilt sowohl bei Einheimischen als auch bei Venedig-Kennern (noch) als Geheimtipp. Ein kulinarischer Abstecher, um sich im heimeligen Ambiente des Acquastanca zu laben, und sei es nur, um an der einladenden Bar ein Glas Wein im Stehen zu genießen, zahlt sich auf jeden Fall aus. „Acquastanca" – „müdes Wasser" – ist ein Begriff aus der Nautik und bezeichnet den Zeitpunkt des Gezeitenflusses, an dem sich Ebbe und Flut umkehren und das Meerwasser stillsteht.

Eine große Mittagsgesellschaft ist gerade im Aufbrechen, als ich das Lokal gegen drei Uhr nachmittags betrete. In ausgelassener Stimmung wird die wasserfeste Kleidung angelegt, die an diesem verregneten Novembernachmittag unumgänglich ist, will man nicht vollkommen durchnässt im trauten Heim ankommen.

Die gemütliche Fensterbank des Acquastanca mit Blick auf den Canale

Nachdem die letzten Gäste der fröhlichen Runde das Lokal, hinaus in den nach wie vor unvermindert heftig andauernden Regen, verlassen haben, aus dem ich gerade nassen Hauptes und noch nässeren Beinkleides (die Jacke hält wenigstens, was sie verspricht) geflüchtet bin, finde ich mich allein mit Giovanna und ihrem Team im Lokal wieder. Es werden gerade die Reste des Festes von den Tischen abserviert, während ich mich schon an einem ausgezeichneten Glas Pinot Grigio „Mosole di Livenza" erfreue, das von der Tenuta Mosole stammt, die unweit von hier zwischen Mestre und Portogruaro ihre Weine produziert.

Die dazu gereichte venezianische Antipasti-Variation setzt sich aus klassischer Sarde in Saor, Oktopussalat, Thunfischtatar, in Reismehlnudeln gewickelte Gamberoni Croccanti con Maionese Piccante und cremigem Baccalà mit Polenta zusammen. Jede der auf dem großen Teller appetitlich drapierten Vorspeisen ist ein Gedicht für sich.

Giovanna, die für den Saal verantwortlich ist, während ihre Schwägerin Caterina das Zepter in der Küche schwingt, setzt sich zu mir an den Tisch und stützt ihren Kopf auf ihre Arme. Sie sieht geschafft aus. Geschafft, aber glücklich! Die Gäste waren zufrieden, das ist für Giovanna das Allerwichtigste.

Giovanna lächelt, als sie mir von ihrer 15 Jahre andauernden Karriere im Hause Cipriani erzählt, wo sie für Großevents und Caterings verantwortlich war. Sie erinnert sich gerne an die Zeit zurück, wo sie mit Berühmtheiten aus aller Welt zu tun hatte. Pompöse Feste der rauschenden Glitzerwelt der Schönen und Reichen.

Irgendwann habe sie von alldem allerdings genug gehabt. Sie zieht die Augen bei diesem Satz vielsagend hoch. Sie habe beschlossen, fortan ihre eigene Chefin zu sein. In einem seit langer Zeit leer stehenden Geschäftslokal, in dem sich früher eine Bäckerei befand, wurde sie auf ihrer Heimatinsel Murano fündig.

Pointierte Akzente und die Liebe zum Detail zeichnen die heimelige Osteria aus.

Nach den erforderlichen Adaptions- und Umbauarbeiten erfüllte sich Giovanna ihren Traum und eröffnete gemeinsam mit Caterina das Acquastanca auf Murano. Modernes Ambiente, pointiert gesetzte Akzente im Interieur und die klassisch venezianische Bacaro-Küche mit einigen modern interpretierten Gerichten der Lagunenküche sorgen hier für eine heimelige Stimmung in einem ganz eigenen Ambiente.

Die sorgfältig ausgewählten Weine stammen überwiegend aus dem Veneto und dem Friaul. Aber auch aus dem Piemont und aus der Franciacorta-Gegend sind einige Posten enthalten. Die Auswahl der Destillate und Grappe kann sich sehen lassen. Selbst eine feine Selektion von Single Malts und einige Rumsorten stehen auf der Karte zur Disposition.

Giovanna verschwindet kurz in der Küche und erscheint umgehend wieder mit einem verführerisch duftenden, innen rosa schimmernden Thunfischfilet, welches zunächst in Sojasauce gedippt, um anschließend nur für ein paar Sekunden rundum angebraten zu werden. Das Ganze wird auf einer intensiv schmeckenden Creme aus weich gekochten und pürierten Zucchini serviert, die den köstlichen Geschmack des Fisches abrundet. Schlicht und einfach fantastisch.

Seit ihrer Kindheit lebt Giovanna auf Murano. Sie könne sich auf keinen Fall vorstellen, irgendwo anders zu leben. Nicht einmal im benachbarten Venedig, sagt sie, als wir über die Vor- und Nachteile des manchmal doch beengenden Insellebens sprechen.

Ihr modernes Lokal legt vor allem auf Beständigkeit und Qualität großen Wert, was bekanntlich in Murano, dessen überwiegender Teil an Lokalitäten eher auf Einmalgäste ausgerichtet ist, nicht immer zutrifft. Anfangs sei sie von den Einheimischen noch argwöhnisch beäugt worden, da viele dachten, es würde sich um eine versnobte Osteria handeln, da ja Giovanna lange Zeit bei Cipriani tätig war. Auf einer kleinen Insel wie Murano weiß eben jeder alles über den anderen.

Giovanna erzählt von ihrer Familie, von den Kindern, die hier in einer absolut sicheren Umgebung, frei von den Gefahren, die in anderen Städten lauern, aufwachsen können, und vom Zusammenhalt der Gemeinde. Sie ist mit dem Glasfabrikanten Nanno Moretti verheiratet, und so weiß sie auch über die Zunft der Glasbläser bestens Bescheid. Die stylishen Gläser, die im Acquastanca einen Akzent setzen, stammen natürlich aus der Produktion ihres Mannes. Wir sprechen über die in Murano einst zahlreich ansässigen Glaskünstler, die hier ihre jahrelange Ausbildung zum Glasmeister erhielten und von deren Ruf die Insel noch immer zehrt.

Mit verträumtem Blick kramt sie in ihren Kindheitserinnerungen und erzählt vom Heulen der Werkssirenen, die jeden Tag pünktlich um 12 Uhr die Mittagspause für die Beschäftigten in den Glasfabriken eingeläutet hätten. Tausende in einheitlichem Blau gekleidete Arbeiter seien aus den über 100 Glasfabriken geströmt, die einst das Bild der Insel beherrscht hätten.

Heute sind nur mehr zehn Fabriken übrig und eine Sirene benötigt man für die wenigen Leute, die heute noch in diesem Gewerbe arbeiten, schon lange nicht mehr. Ihr Vater war ebenfalls in der Glasproduktion tätig. Er war für die Herstellung der Formen verantwortlich, in denen das erhitzte, flüssige Glas zu kunstvollen Glasartefakten gegossen wird.

Sie erzählt vom Niedergang der Glasfabriken in den letzten Jahrzehnten, der in den 80ern aufgrund von Billigimitaten aus Asien seinen Anfang nahm. Heute ist vom einstigen Stolz Muranos nicht mehr viel übrig. Wahrscheinlich werden noch einige weitere Fabriken ihre Tore für immer schließen müssen.

Trotzdem sieht Giovanna mit vorsichtigem Optimismus in die Zukunft. Die Insel beginne sich neu zu orientieren, um wieder attraktiver für die zahlreichen Venedig-Besucher zu werden. Erst vor ein paar Monaten sei auf Murano in einer ehemaligen Glasmanufaktur das erste Luxushotel eröffnet worden.

Somit ist auf der nach Sonnenuntergang normalerweise verwaisten Insel neuerdings auch abends für Gäste gesorgt, von denen die Lokalbetreiber der Insel profitieren. Weitere Hotels und Appartements sollen folgen.

Giovanna schenkt mir ein Glas Moscato „Colli Euganei", benannt nach einer Hügelkette zwischen Vicenza und Padua, vom renommierten Weingut Vignalta ein und stellt mir anschließend das Dessert auf den Tisch. Es besteht aus einer hausgemachten Schokoladesalami und einer süßen, in ihrer Schlichtheit verblüffenden Mascarpone-Creme.

Ich lasse es mir schmecken und betrachte einen Zeitungsausschnitt, der in einem schicken Rahmen am Ende der Bar hängt. Giovanna folgt meinem Blick und bringt mir stolz den Artikel, der aus der *New York Times* stammt und voll des Lobes über ihr Lokal ist. Ein positiver Artikel in der *New York Times* ist für jeden Gastronomen sozusagen ein Ritterschlag, darauf kann man mit Fug und Recht stolz sein. Giovanna strahlt hinter ihrer Brille hervor.

Zum Abschluss nimmt mich Giovanna bei der Hand und führt mich in die kleine Küche, wo ich Caterina kennenlerne und Schritt für Schritt gezeigt bekomme, wie sie den fantastischen Thunfisch und die Zucchini-Creme zubereitet. (Das Rezept für meine persönliche Interpretation dieses schmackhaften und einfach nachzumachenden Gerichts findet sich im Anschluss.) Doch dabei bleibt es natürlich nicht. Ich bekomme noch eine Gratis-Lehrstunde in Sachen venezianischer Küche von einer waschechten venezianischen Köchin. Was will man mehr?!

Wir tauschen ein paar Tipps und Kniffs und fachsimpeln über Zubereitungsmethoden. Als ich mich wieder in den Regen aufmachen muss, verrät mir Giovanna zu guter Letzt, dass sie sich vielleicht doch vorstellen könne, einmal von Murano wegzuziehen, um in einem abgelegenen Häuschen auf Sizilien mit ihrer Familie zu wohnen. Aber das liege noch in weiter Ferne.

Acquastanca
Fondamenta Manin 48, Murano
www.acquastanca.it

TONNO „ACQUASTANCA"

Das Ergebnis dieses äußerst einfach und schnell zuzubereitenden Gerichts hängt, wie immer, von der Qualität der verwendeten Zutaten ab. Vor allem der Thunfisch, die (wenn möglich) gartenfrischen Zucchini und das zu verwendende Olivenöl geben den Ausschlag für dieses schmackhafte Fischgericht.

Zutaten für 2 Personen
2 Filets vom Yellowfin-Thunfisch in Sashimi-Qualität
1 EL helle Sojasauce
Fleur de Sel aus Piran
frisch gemahlener grüner Pfeffer
2 (wenn möglich) sonnengereifte Zucchini
1 Frühlingszwiebel
1 Glas Pinot Grigio
2 EL Butter
2 EL kräftiges, qualitativ hochwertiges natives Olivenöl
(+ Olivenöl zum Verfeinern)
Meersalz
weißer Pfeffer

Zubereitung
Die in Streifen geschnittene Frühlingszwiebel in einem Esslöffel Butter und einem Esslöffel Olivenöl bei mittlerer Hitze anschwitzen. Wenn sie zu bräunen beginnt, die gewürfelten Zucchini beifügen, zwei bis drei Minuten unter Rühren anbraten, mit dem Pinot Grigio ablöschen und ca. 10 Min. einkochen lassen. Nach Bedarf salzen und pfeffern. Mit dem Küchenstab pürieren. Eventuell noch ein wenig Olivenöl beifügen, um die gewünschte Konsistenz zu erreichen.

In einer Pfanne mit schwerem Boden einen Esslöffel Butter und einen Esslöffel Olivenöl erhitzen, die Sojasauce beifügen und das Thunfischfilet von jeder Seite nicht mehr als 10 Sek. anbraten. Den innen noch rohen Fisch aus der Pfanne nehmen, in Scheiben schneiden, mit Fleur de Sel und frisch geschrotetem grünen Pfeffer aus der Mühle würzen.

Das Zucchinipüree auf einem vorgewärmten Teller anrichten, die angebratenen Thunfisch-Scheiben darauf drapieren und mit einem hauchdünnen Strahl Olivenöl überziehen.

Weinempfehlung: Pinot Grigio „Dessimis", Az. Agr. Vie di Romans, Mariano del Friuli bei Gorizia

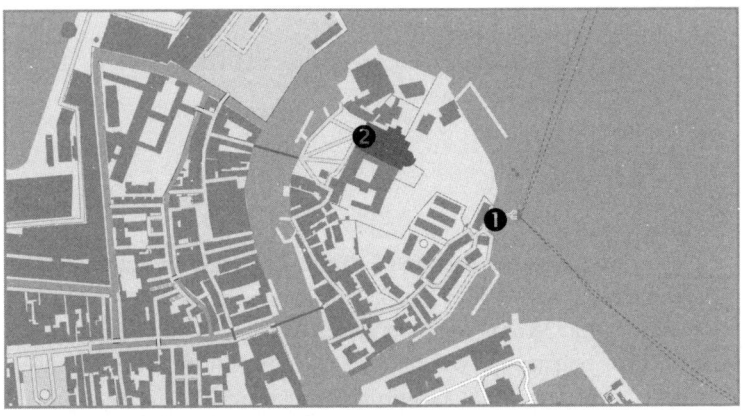

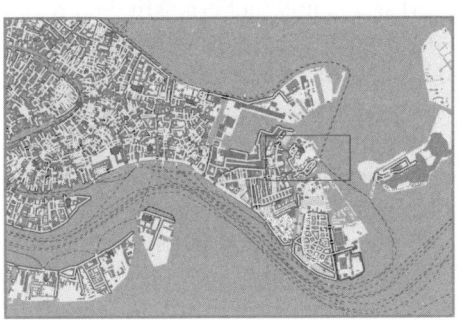

1 Vaporetto-Station
  „San Pietro"

2 Basilica di San Pietro
  di Castello

Der geheimnisvolle
Petrus-Thron

San Pietro di Castello

Isola di Olivolo

„Did I dream you dreamed about me?
Were you here when I was full sail?"
Tim Buckley, *Song to the Siren*

Am östlichen Ende der Stadt, im Sestiere Castello, liegt die etwas mehr als sechs Hektar große Insel San Pietro di Castello
mit der gleichnamigen Basilika. Früher hieß diese Insel, die bis
heute nur durch zwei Brücken mit dem restlichen Venedig ver-
bunden ist, Olivolo. Die einen sagen, weil die Insel die Form
einer Olive hätte, die anderen meinen, weil hier früher Oli-
venbäume standen. Beide Erklärungen haben ihren Charme
und ihre Berechtigung. Hier, im heutigen Mendicoli-Viertel
und am Rialto entstanden im 7. Jahrhundert die ersten Sied-
lungen Venedigs. Errichtet wurde die dem heiligen Petrus ge-
weihte Kirche gleichen Namens im 8. Jahrhundert. Unter der
Oberhoheit der Patriarchen von Grado wurde hier auch ein
Bischofssitz errichtet.

Bis ins 19. Jahrhundert residierten die zahlreichen Nachfol-
ger unter dem Titel „Bischof von Castello". Dieser klangvolle
Titel wurde ihnen ab Anfang des 11. Jahrhunderts verliehen.

Die heutige Basilika, erbaut nach einem Plan von Andrea
Palladio, ruht auf dem Fundament der frühmittelalterlichen

Kirche. 1451 wurde die Insel zum Sitz der Patriarchen von Venedig erklärt und 1558 erhielt Palladio den Auftrag zur Neugestaltung der Kirche. Leider verstarb der Patriarch Vincenzo Diedo, der den Umbau beauftragt hatte, sodass die Kirche erst 30 Jahre später von einem Schüler Palladios ihre heutige Fassade erhielt. Aufgrund des knappen Budgets wurde der ursprüngliche Plan Palladios allerdings nur mehr marginal umgesetzt. Berühmt ist die Basilika für ihre steinerne „Cathedra Petri", einen geheimnisvollen Bischofsstuhl mit arabischen Insignien.

Viele Jahrhunderte galt San Pietro als geistiges Zentrum des venezianischen Klerus, sie war der Sitz des Patriarchen, bis ihr unter Napoleon San Marco den Rang ablief. Heute liegen sowohl die Insel als auch die Kirche ruhig und abgeschieden in ihrer vollen Schönheit an einer Ecke Venedigs, die hauptsächlich von älteren Venezianern bewohnt wird.

Gemeinsam mit zwei älteren Damen verlasse ich das Vaporetto an der Station San Pietro und nehme von dem langen Landungssteg aus die Umgebung in Augenschein. Hinter mir breitet sich, getrennt durch die Lagune, die Isola la Certosa mit ihrem weitgestreckten Jachthafen und den verfallenden Wehranlagen der Marine aus. Die türlosen Eingänge zu den niedrigen militärischen Bauten starren wie leere Augenhöhlen herüber.

Der Großteil von La Certosa, die sich südlich an die Insel Le Vignole anschmiegt, ist mit Dickicht, Bäumen und Millionen von venezianischen Mücken (eigentlich die größte Plage der Stadt, über die in keinem Führer etwas zu lesen ist) übersät, liegt schon seit Jahren brach. Neben dem Jachthafengebäude neueren Datums soll sich auch ein Yoga-Center auf La Certosa befinden.

Vor mir liegen die mehrstöckigen, schlichten Wohnhäuser San Pietros, von denen der pastellfarbene gelbe Verputz abblättert. Zu meiner Rechten befinden sich die halb verfallenen, weitläufigen Docks und die Türme des Arsenals, und zur Linken zeigt sich der östlichste Zipfel Venedigs, die Insel Sant'Elena, die erst während der Herrschaft der Faschisten durch aufwendige Aufschüttmaßnahmen nach und nach der Lagune abgetrotzt wurde. Heute findet man außer einem unspektakulären Wohnviertel nur mehr die Marinekaserne, das Fußballstadion von Venedig und die Kirche Sant'Elena in dieser stillen Ecke Venedigs.

Zwar grenzt an die Insel auch ein Jachthafen, doch verirrt sich kaum einer der Bootsbesitzer auf Sant'Elena. Die spärliche Infrastruktur wird immer weniger, und selbst die Kadetten der Marineschule verbringen ihre Freizeit lieber weitab dieses Viertels. Fairerweise muss man sagen, dass Sant'Elena trotzdem über ein paar schmucke Ecken verfügt.

Unweit der Bootsanlegestelle von San Pietro wird in einem winzigen Garten, der von dicken Mauern und zur Lagune hin mit einem Gitter versehen ist, der Natur ein Stück Grün abgetrotzt. Auf der von der Seeluft verwitterten Gartenmauer stehen Blumenkästen, die mit bunten, in allen Regenbogenfarben blühenden Pflanzen bestückt sind. Auf dem Zaun prangt ein Adler aus Metall, der sich gerade mit seinen metallenen Schwingen zu erheben scheint, sowie ein Wetterhahn, der sich leicht in der Brise bewegt. Ein Miniatur-Paradies auf ein paar Quadratmeter komprimiert. Gartenidylle auf Venezianisch.

Geschäfte gibt es hier keine, und die zur Linken von einer Ziegelmauer begrenzte Calle Quintavalle liegt menschenleer vor mir. Nur das Ächzen der schwer beladenen Einkaufstrolleys, die von den beiden Damen, die mit mir das Boot verlassen haben, gezogen werden, ist von der Ferne noch zu hören. Von Weitem ist der schiefe Campanile der Basilika auszumachen, der aus weißem istrischen Marmor gehauen ist und strahlend über den Dächern in der Sonne leuchtet.

Auf einem der Stege sitzt eine in ein weites violettes Kleid gehüllte junge Dame mit feuerrot gefärbtem Haupthaar, die mit Pinsel und Leinwand eifrig zugange ist, um die Szene künstlerisch festzuhalten. Der Geruch von Patschuli und Henna liegt in der Luft. Die Malerin kratzt sich gedankenversunken mit dem Stiel ihres Pinsels am Kopf. Die kleinen silbernen Armreifen klimpern dabei hell. Sie legt ihr Malerwerkzeug auf die Seite und dreht sich eine Zigarette aus einem Beutel, den sie aus den Falten ihres Kleides zieht.

An der Hausmauer ist ein Graffiti mit einer Schablone aufgesprüht, das eine Pistole mit der Unterschrift „Kill all Artists" darstellt. Ich setzte mich auch auf einen Steg und genieße die Ruhe und die Langsamkeit des Seins. Ich setze meine Kopfhörer auf und lausche den sanften umschmeichelnden Melodien von „Cluster & Eno", während ich in meinem kleinen Büchlein meine Notizen auf den neuesten Stand bringe. Der würzige Duft des Zigarettentabaks vermischt sich mit dem Geruch der Lagune und den Küchendünsten, die aus einem offenen Fenster im ersten Stock herüberwehen. Kindergeschrei und Geschirrklappern ist zu hören. Es riecht angenehm nach Artischocken und Zwiebeln.

In einem niedrigen, ebenerdigen Fenster, das statt einer Glasscheibe mit Gittern unterschiedlicher Stärke versehen wurde und somit Assoziationen mit einer Gefängniszelle hervorruft, stehen sorgfältig in Reih und Glied ausgebleichte Plastikzwerge und Spielzeugfiguren, die schon einige Jahre auf dem Buckel haben. Ein bizarres Arrangement, dessen Sinnhaftigkeit sich mir nicht erschließen will. Zwischen den Figuren liegt bewegungslos eine schwarze Katze, der ein halbes Ohr fehlt, mit geschlossenen Augen und lässt sich von der Sonne wärmen. Der dahinterliegende Raum, aus dem die Geräusche eines Hammers dringen, ist in Dunkelheit gehüllt.

Rund um die ehemalige Bischofskirche

Das kurze, schmale Gässchen, das zur Basilika führt, knickt nach ein paar Metern scharf nach links und plötzlich stehe ich neben dem über 50 Meter hoch aufragenden, windschiefen Campanile aus dem 15. Jahrhundert.

Der massiv und gleichzeitig schlank wirkende Kirchturm ragt weit in den blauen Himmel hinauf. Der glatte istrische Marmor, aus dem er gefertigt wurde, blitzt strahlend weiß im Sonnenlicht. Auf der Spitze sitzt regungslos ein Möwenpärchen. Am Fuße des Campanile ist eine Gedenktafel aus dem Jahre 1975 in die Mauer eingelassen, an der dem amerikanischen millionenschweren Mäzen-Ehepaar George und Olive Behrendt gedacht wird, das vor fast 40 Jahren die längst erforderliche Renovierung des Campanile ermöglichte. Vor allem die umtriebige Mrs. Behrendt war bekannt für ihre in ganz Amerika veranstalteten, viel Geld einbringenden „fundraising campaigns". In guter Erinnerung ist Olive Behrendt der venezianischen Bevölkerung vor allem durch ihre Leidenschaft für schnelle Motorboote, mit denen sie gerne die Lagune durchkreuzte. Sie war die erste und auch lange Zeit einzige weibliche Besitzerin eines Bootsführerscheins in Venedig. 1987 verstarb sie als Witwe im Alter von 72 Jahren in ihrer heiß geliebten Stadt.

Der verwunschene Hof des Patriarchenpalasts

Die stimmgewaltige Sopranistin und Filmschauspielerin hatte einst ihre erfolgreiche Künstlerkarriere für ihre Heirat mit dem millionenschweren Versicherungsdirektor George Behrendt aufgegeben. Sie widmete sich eifrig über Jahrzehnte hinweg den unterschiedlichsten sozialen Projekten. In Salzburg betreute sie auch ein katholisches Waisenhaus. Heute ist der Name dieser Frau mit dem unermüdlichen sozialen Engagement in Vergessenheit geraten.

Beim einzigen ersichtlichen Eingang in den Campanile handelt es sich um eine niedrige, verwitterte Tür aus grün lackiertem Holz, auf die jemand mit Kreide in kindlichen, ungelenken Buchstaben „Scuola" gekritzelt hat.

Die Tür ist versperrt. Es riecht feucht und muffig aus dem sich dahinter befindlichen Treppenhaus. Der Campanile von San Pietro steht weitab von der eigentlichen Basilika, deren leicht abgespeckte, aber nichtsdestotrotz eindrucksvolle Fassade auf den ersten Blick wie eine Mischung aus der Redentore-Kirche auf der Giudecca und San Giorgio Maggiore wirkt. Beide wurden nach Entwürfen von Palladio gebaut.

Der lauschige, parkähnliche Platz lädt zum Verweilen ein. Es ist ruhig hier auf San Pietro. Hier scheint die Zeit noch anders als im restlichen Venedig abzulaufen. Keine Spur von Hektik. Nichts deutet darauf hin, dass ein paar hundert Meter weiter, auf der Via Garibaldi, die Bewohner Castellos zwischen den heute in großer Anzahl einfallenden Wochenendtouristen und Passagieren von Kreuzfahrtschiffen, die an der nahen Riva degli Schiavoni andocken, ihre Samstagseinkäufe erledigen.

Die Bänke unter den Schatten spendenden Bäumen sind verwaist, bis auf zwei junge Mädchen, die kichernd Nachrichten in ihre *telefonini* eingeben und der Umgebung keine weitere Beachtung schenken. Zwischen den beiden Mädchen rekelt sich ein Hundebaby auf einer rosa gepunkteten Decke. Das Halsband des kleinen Vierbeiners ist im selben Rosa gehalten wie die Kuscheldecke.

Zwischen dem Kirchenschiff und dem Campanile befindet sich der Patriarchenpalast. Heute besteht das seit Jahrzehnten dem Verfall preisgegebene Gebäude, das in seiner letzten Funktion Mönche beherbergte, aus einfachen Wohnungen.

Von der Fassade ist der Großteil des Verputzes bereits abgebröckelt. Die Ziegel lugen darunter hervor. Im Erdgeschoß sind die Fenster vergittert. Ich frage mich, ob das zum Schutz der Mönche von äußeren schädlichen Einflüssen gedient haben mag oder ob man etwaigen nächtlichen Fluchtgedanken damit vorbeugen wollte. Im ersten Stock bieten verzogene Fensterläden aus verwittertem Holz Schutz vor der Sonne.

Über dem Eingang auf Dachhöhe befindet sich das sehr gut erhaltene, in Stein gehauene Wappen der Patriarchen. Durch das torlose Portal betrete ich das Innere des geschichtsträchtigen Gebäudes, das heute nur mehr als kümmerliches Abbild seiner einstigen Pracht ein Dasein am Rande Venedigs fristet.

Ein malerischer Kreuzgang umgibt den gepflasterten mittelalterlichen Hof. In der Mitte befindet sich das steinerne Becken einer mit einem Metalldeckel verschlossenen Zisterne, die kunstvoll von einem geschmiedeten Ziehrahmen umgeben ist. Kletterpflanzen wachsen an den Innenwänden empor.

Campo San Pietro di Castello mit dem windschiefen Campanile

Wäscheleinen sind über den Hof gespannt, an denen die Wäsche zum Trocknen hängt.

Aus einem Blumenkasten im ersten Stock tropft Wasser auf das Pflaster herunter. Der kahlköpfige Greis, der gerade seine Pflanzen wässert und nur im Unterhemd mit einer Plastikgießkanne am Fenster steht, schließt das Fenster, als er mich im Hof stehen sieht, und lugt neugierig hinter den halb geschlossenen Vorhängen hervor. Über die eine Seite des Hofes ragt mächtig die imposante Kuppel der Basilika, die im Ersten Weltkrieg stark beschädigt wurde, als sie von österreichischen Fliegern mit Brandsätzen bombardiert wurde.

Vom Campanile ist nur die Spitze zu sehen, wenn man sich in der Mitte des Hofes befindet. Ich gehe den Kreuzgang auf allen vier Seiten ab, erfreue mich an dem alten Gemäuer, dem verwinkelten Stiegenhaus, den verfallenen, verwunschen wirkenden Gängen.

Wie viele Geschichten könnten diese jahrhundertealten Mauern wohl erzählen?

Am Fuße des Stiegenaufgangs warnt ein Schild allzu aufdringliche Touristen, die oberen Stockwerke zu betreten. Drei rostige Anker stehen in der Ecke mit einer Kette zusammengebunden, als ob sie jemand dort vor langer Zeit vergessen hätte. Elektrische Leitungen liegen offen und schlängeln sich in abenteuerlichen Mustern an den Wänden entlang. Eine verwitterte Tür am Ende des Gangs lässt Sonnenlicht durch die Ritzen des verzogenen Holzes eindringen, das ein surreales Muster auf dem Boden zeichnet.

Die Tür, zentimeterdick mit Staub und mit Spinnweben bedeckt, scheint ins Nichts zu führen. Ein Schild und ein Klingelknopf sind am Türsturz angebracht. „Sabato e Domenica chiuso" steht auf dem schief angenagelten Schildchen. Was sich dahinter befindet, wird nicht verraten.

Auf meinem Rückweg, vorbei an ehemaligen Zellen, in denen Mönche beteten und schliefen, und die, hinter mit Ketten verschlossenen Türen, als Abstellkammern dienen, entdecke ich noch ein kleines, verdecktes Holzschild, das an einen Tenente Giovanni Sanguineti erinnert, der 1895 im Italienisch-Äthiopischen Krieg für sein Vaterland gefallen ist.

Ich trete wieder auf den Campo San Pietro hinaus, der jetzt komplett menschenleer in der mittäglichen Sonne vor mir ruht. Die zinnenbewehrten Mauern des benachbarten Arsenals werfen das Echo eines Signalhorns zurück. Auf dem kleinen Motorboot befindet sich eine Familie mit zwei Kindern, die wohl einen Ausflug in die Lagune unternehmen.

Die Cathedra Petri

Über ein paar Stufen gelange ich in das Kirchenschiff der Basilika. Auf einem Schild weisen in trauter Eintracht durchgestrichen und nebeneinander aufgereiht ein Handy, ein Radio sowie eine Eistüte mit drei Kugeln darauf hin, was in der Kirche tunlichst zu unterlassen ist.

Candele, die man zum Seelenheil Verstorbener anzünden und in dafür vorgesehene Eisenklammern zwängen kann, schlagen mit 30 *centesimi* zu Buche. Blickfang ist natürlich der von Baldassare Longhena gestaltete, kunstvoll verzierte Altar und das leuchtende Deckenfresko über dem *altare maggiore*.

In der im 17. Jahrhundert auf Wunsch des Kardinals Francesco Vendramin links an das Kirchenschiff angebauten sogenannten Vendramin-Kapelle befindet sich ein weiterer Altar, für dessen Gestaltung Longhena ebenfalls verantwortlich zeichnet.

Vor dem Hauptaltar steht zusammengedrängt, mit in den Nacken gelegten Köpfen an die Decke starrend, eine fünfköpfige Schweizer Touristengruppe, die gebannt den Schilderungen ihrer Führerin lauscht, deren geflüsterter, guttural klingender Schweizer Dialekt leise durch das Kirchenschiff hallt. Einer der Zuhörer gähnt nun und blickt auf seine Uhr.

Die Gummisohlen seiner Schuhe quietschen auf dem Steinboden, als er von einem Fuß auf den anderen tritt.

Außer mir, dem sich wieder seiner Zeitungslektüre hingebenden Kassier am Eingang und den Schweizern befindet sich noch ein Mann von außergewöhnlicher Statur mit kurz geschorenem Haar, feuerrotem Vollbart und einer riesigen Kamera um seinen kräftigen Hals in der Kirche. Unsere Wege kreuzen sich ein paarmal, während wir unabhängig voneinander unsere Runden drehen, um die zahlreichen Gemälde, Seitenaltäre, Steinbüsten und Ikonen, die San Pietro birgt, zu bewundern.

Zum Abschluss meines Rundgangs nähere ich mich meinem eigentlichen Ziel, der Cattedra di San Pietro, dem sagenumrankten, geheimnisvollen Bischofsstuhl des heiligen Petrus, der aus Antiochia stammen soll.

Überlieferungen zufolge handelt es sich um den Stuhl des Apostels, in dem sich sogar der Heilige Gral, der darin von Kreuzfahrern versteckt wurde, für einige Zeit befunden haben soll. Die Lehne des aus weißem Marmor hergestellten Throns, um den sich unzählige Geschichten ranken, ist mit arabischen Zeichen aus dem Koran und einem sechszackigen Stern verziert. Es soll sich dabei um eine muslimische Grabstele aus dem 13. Jahrhundert handeln.

Neben dem einst mystischen, mit geheimnisvollen Traumtoren versehenen jüdischen Ghetto in Cannaregio zählt der ebenso mysteriöse Petrusstuhl in der Basilika zu einem der Schlüsselpunkte in Hugo Pratts legendärer *Venezianischer Legende*, worin sich ein Kapitän ohne Schiff namens Corto Maltese vor dem surrealen Hintergrund eines traumgleichen Venedigs auf die Suche nach einem wertvollen Smaragd mit dem klangvollen Namen „Salomos Schlüsselbein" begibt. (Ein kleiner Exkurs über den Weltenbummler Hugo Pratt und seinen nicht minder weltenbummlerischen, an den exotischsten Schauplätzen der Welt werkenden Helden Corto Maltese findet sich im Anschluss an das Kapitel.)

Non toccare – nicht berühren!

Was nun wissenschaftlich erwiesen ist und was man getrost ins Reich der Fabeln und Legenden abtun kann, ist in Bezug auf diese antike Sitzgelegenheit nicht von ausschlaggebender Bedeutung. Die unterschiedlichsten Mythen, die im Zusammenhang mit dem Thron aus Antiochia entstanden sind, umgeben den geheimnisvollen Petrusstuhl wie eine Aura.

Es führt kein Weg daran vorbei, die mit geheimnisvollen Zeichen verzierten Steinplatten mit bloßen Händen zu berühren, um an der dem Stein ausströmenden Energie die eigene Fantasie zu nähren. Gesagt, getan. Es blitzt zwar nicht, aber der Stein ist angenehm kühl, als ihn meine Fingerspitzen berühren.

In meiner Euphorie drücke ich dem Hünen, dessen Weg sich gerade wieder mit meinem zufällig vor der Cathedra kreuzt, meine Kamera in die Hand und klettere, ungesehen vom Kirchenwächter, der in seinem Kabuff am Eingang der Kirche mit geschlossenen Augen döst, über die Absperrung, die den Bischofssitz umgibt, um mich auf dem Thron sitzend, ehrfurchtsvoll, aber doch mit einem Siegerlächeln, ablichten zu lassen.

Gospodin Mikhael

Der Hüne mit dem roten Bart ist neugierig, warum mir dieser Stuhl von so großer Bedeutung ist. Er heißt Mikhael und kommt aus Moskau. Er lacht laut auf – ein kindliches Lachen, das so gar nicht zu seiner massigen Gestalt passen will –, als ich ihm erzähle, dass ich gerade an einem Buch über Venedig arbeite. Die Schweizer Reisegruppe dreht sich unisono um, als der plötzliche Heiterkeitsausbruch des großen Mannes durch das Kirchenschiff schallt.

Seit Jahren brüte er ebenfalls an einem Buchprojekt über Venedig, habe aber bis jetzt nie den richtigen Ansatz gefunden. Über Venedig sei schon alles gesagt und geschrieben, meint er. Dieses Goethe-Zitat sei damals schon unrichtig gewesen, kontere ich, und schon sind wir mitten in einem Meinungsaustausch, der eine immer neugierig auf den Standpunkt des anderen. Zwei verschiedene Kulturen mit differierenden Standpunkten, aus denen wir die Welt betrachten.

Über Venedig könnten nicht genügend Bücher erscheinen, meine ich, und genauso könne nie schon alles gerade über diese Stadt geschrieben sein. Die Stadt erfinde sich immer wieder neu, seit Jahrhunderten vom Handel und von seinen Besuchern aus aller Welt geprägt. Momentan breiten sich die Chinesen über ganz Venedig aus, daran muss man sich erst einmal gewöhnen, die konservativen, meist älteren Bewohner tun sich damit noch sehr schwer. Auch von jungen Venezianern habe ich schon einige abschätzige Meinungen über die „gelbe Gefahr" vernehmen müssen.

Trotzdem ist es der Stadt stets gelungen, ihre so reiche Geschichte über die Jahrhunderte zu bewahren und diese einzigartige Ansammlung von Inseln, Brücken und Kanälen, diesen romantischen Tummelplatz für Verliebte aus aller Welt zu erhalten.

Mikhael meint, dass er bis jetzt nie wirklich zu den Venezianern habe vordringen können. Sie hätten sich immer hinter einer freundlichen Fassade verborgen und ihn ab einem gewissen Punkt immer spüren lassen, dass er nur ein Tourist sei, das mache ihn traurig. Wo er doch so neugierig auf die Geschichten und die Geschichte der Stadt sei.

Natürlich will er auch wissen, was es mit der Cathedra auf sich hat. Und ich erzähle ihm von Hugo Pratt und von der fantastischen Welt des Corto Maltese, von der er noch nie etwas gehört hat. Jetzt hat Mikhael einen Ansatz gefunden.

Er ist begeistert. Nicht nur sein regelmäßig besuchtes, viel geliebtes Venedig kommt in den Geschichten Pratts vor, auch sein russisches Heimatland findet ausgiebig Beachtung in den fantasievoll und bis ins kleinste Detail ausfabulierten und kunstvoll in Szene gesetzten Abenteuern, die Pratts Feder über Jahrzehnte hinweg entsprangen. Dass einer der Darsteller ihm auch noch ein wenig ähnlich sei, ließe sich gut für seine Geschichte verwenden, die ihm schon durch den Kopf geisterte.

Wir verlegen unser Gespräch schließlich nach draußen, nehmen auf einer der Bänke im Schatten der Bäume Platz. Ich mache auch ein paar Bilder und bin später verblüfft, dass einige Abzüge von der Perspektive her fast ident mit den Bildern aus der Geschichte Pratts sind. „Freud'sche Fotografierer" nenne ich diese Bilder für mich.

Wir sitzen noch ein Weilchen zusammen und unterhalten uns angeregt. Er bietet mir aus seiner Plastikflasche Wasser an. Ich bin ein wenig enttäuscht, dass es sich nicht, dem Klischee entsprechend, um Wodka handelt. Er fragt mich nach meinen weiteren geplanten Zielen in den nächsten Tagen, und als ich ihm unter anderem vom verlassenen Militärhospital auf dem Lido erzähle, packt er mich bei der Hand und erzählt mir mit großen Augen von Fotos, die er aus dem Fundus eines Verwandten übernommen habe, die aus dem Zweiten Weltkrieg stammten und auf denen hauptsächlich Kinder abgebildet seien, manchmal die Hand zum Hitlergruß erhoben. Er habe auch auf Krankenprotokolle und andere Schriftstücke aus dieser Zeit Zugriff. Ein Onkel, der Militärarzt gewesen sei, habe ein ausgiebiges Archiv mit Memorabilien aus diesen unheilvollen Tagen. Für mich wertvolles Material, das ich gerne einmal sichten würde und heute durch einen ungewöhnlichen Zufall angeboten bekomme. So schließt sich ein Kreis. Vielleicht ist das doch auf die Aura der geheimnisvollen Cathedra zurückzuführen?

Wir tauschen Adressen aus und versichern uns, in Verbindung zu bleiben. Mikhael umarmt mich beim Verabschieden. Er werde sich jetzt gleich auf den Weg machen, um umgehend alles über Corto Maltese erhältliche Material zu erstehen. Die Adressen einiger Buchhandlungen habe ich ihm auf einen Zettel gekritzelt. Do swidanja, Gospodin Mikhael!

Er geht mit großen Schritten in Richtung Fondamenta Sant'Anna zur Via Garibaldi, während ich mich zu meiner nächsten Station, dem Sotoportego Zurlin, aufmache, dem mit Abstand niedrigsten Durchgang Venedigs, der vom Campo Ruga her abzweigt. Dieser malerische Durchschlupf, durchbrochen von einer verwitterten Holzwand mit einem vergitterten Fenster, erlaubt ein Durchkommen nur in stark gebückter Haltung. Der Abrieb vieler Köpfe hat sich hier im Laufe der Jahre angesammelt.

Canale di San Piero

Leider ist der *sotoportego* heute von einer Menschenmenge umringt, sommersprossige, hellhäutige Briten, ausgelassen fröhlich vor und unter dem niedrigen Durchlass posierend, die mit dem Kreuzfahrtschiff durch die Adria schippern und gerade einen freien Nachmittag in Venedig haben.

Eine Geistergeschichte aus Castello

An ein stimmungsvolles Foto ist in der nächsten Stunde aufgrund des Andrangs wahrscheinlich nicht zu denken. Deshalb beschließe ich dieses Kapitel mit einer rührenden Geistergeschichte, die sich um den Campo Ruga zugetragen haben soll und die sich die Bewohner des Viertels seit Generationen in den unterschiedlichsten Variationen erzählen.

Es war eine verschneite Nacht, als der Leibarzt des Patriarchen auf dem Rückweg nach Hause war. Er kam gerade von dem erkrankten Patriarchen, den er zur Ader lassen musste, ein anstrengender Tag lag hinter ihm. Das Dach der Gondel bot Schutz vor der eisigen Kälte und den wirbelnden Schneeflocken.

Da vernahm er aus dem niedrigen Durchgang die Stimme eines Mädchens, das ihn um Hilfe anflehte. Ihre Mutter liege im Sterben und würde ohne einen Arzt nicht die Nacht überstehen. Er stieg aus dem Boot und folgte dem Mädchen, das einen auffallenden schwarzen Seidenschal um seinen Hals geschlungen hatte, der vom Schnee bereits vollkommen durchnässt war, und wunderte sich, dass ihn das Mädchen als Arzt erkannt hatte, obwohl er in der überdachten Gondel gesessen war.

Campo Ruga

Wortlos führte das Mädchen ihn in eine kleine, ärmlich eingerichtete Wohnung, in der eine Frau mit hohem Fieber – offen-
sichtlich eine Lungenentzündung – lag. Er versorgte sie mit fie-
bersenkenden Mitteln und es war klar, dass sie tatsächlich ohne
seine Hilfe nicht die Nacht überstehen würde. So blieb er an ihrem Bett und gab ihr allerlei Tinkturen und Wundermittel aus
seiner Arzttasche. Das Fieber fiel rasch und die Frau kam wieder zu sich. Sie war zwar schwach, aber der Höhepunkt der
Krankheit schien überschritten.

Sie bedankte sich überschwänglich bei ihm für seine Hilfe,
und als er ihr sagte, sie könne stolz auf ihre Tochter sein, die ihn
um Hilfe angerufen und hierhergeführt hatte, sah ihn die Frau
entsetzt an. Ihre Tochter sei vor einem Monat an einer Lungenentzündung gestorben.

Das konnte wiederum der Arzt nicht glauben. Die schwache Frau ließ sich von dem Arzt zu einem angrenzenden Zimmer führen. In dieser kleinen Kammer stand noch das Bett der
Verstorbenen und darauf lag genau derselbe schwarze Schal, den
das Mädchen getragen hatte. Der Schal auf dem Bett war allerdings staubtrocken ...

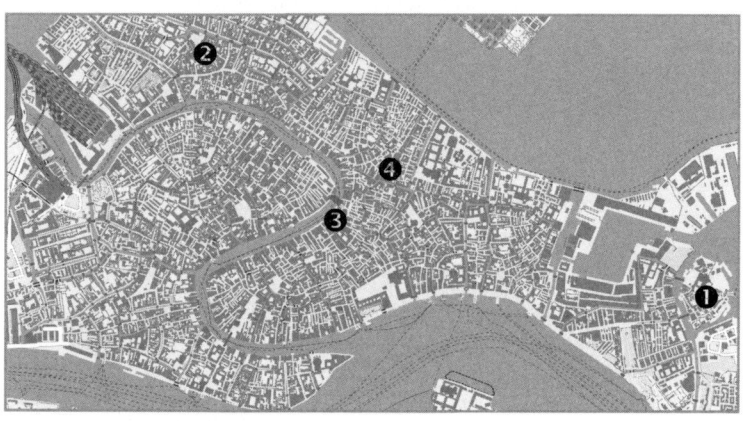

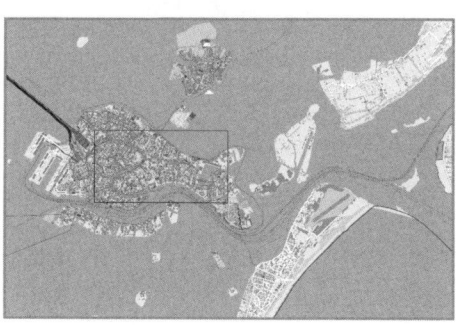

1 San Pietro di Castello

2 Jüdisches Ghetto

3 Ristorante „Graspo de Ua"

4 Casa di Corto Maltese /
  Rio Tera dei Biri 5394

Der „romantische Narr"
und sein Schöpfer
Hugo Pratt

Corto Maltese

Zwischen Realität
und Traum

Die verträumte, weitab der Haupttouristenströme am östlichs-
ten Zipfel der Stadt gelegene Insel San Pietro di Castello mit
ihrem legendären Petrusstuhl und die von hohen Häusern um-
gebenen, verwinkelten Gassen des stark frequentierten Ghettos von Venedig befinden sich in völlig verschiedenen Bezir-
ken der Stadt. Aber sowohl die Basilika als auch das Ghetto
sind zentraler Dreh- und Angelpunkt von Hugo Pratts geni-
alem 1977 erschienen Comic-Epos *Die venezianische Legende*.
Der metaphysische, mit geheimnisvollen Symbolen und Me-
taphern gespickte Plot erschließt sich dem Leser aufgrund der
komplexen Thematik nur nach mehrmaligem Genuss.

Der Protagonist Corto Maltese, ein Kapitän ohne Schiff,
driftet, eingebettet zwischen Realität und Traum auf der Jagd
nach einem Diamanten, durch ein geheimnisvolles und mys-
tisches Venedig längst vergangener Tage. Der Charakter des
romantischen Antihelden, Abenteurers und Weltenbummlers
stammt aus der Feder Hugo Pratts (1927–1995), dessen eigener Lebenslauf den Vergleich mit seinem in den entferntesten
Ecken der ganzen Welt herumkommenden Helden nicht zu
scheuen braucht.

Dem 1927 in Rimini geborenen und 1995 in Lausanne verstorbenen Comiczeichner, der seine Kindheit in Venedig verbrachte und den es immer wieder dorthin zurück zog, gelang mit seiner Figur, deren Abenteuer stets an den exotischsten Schauplätzen angesiedelt sind, ein Meilenstein des literarisch-anspruchsvollen Comics. Heute würde man wohl Graphic Novel dazu sagen.

Die umfangreichen Vorworte und einleitenden Erklärungen, die manchmal bereits ein Drittel des Gesamtumfangs der Comicbände umfassen, stammen oft aus der Feder namhafter Autoren wie etwa Umberto Eco: „Wenn ich mich entspannen will, lese ich ein Essay von Engels. Wenn ich etwas Schweres lesen will, nehme ich Corto Maltese zur Hand."

Reichlich illustriert bekommt der Leser einen kleinen Einblick in die Welt mystischer Symbole und im Verborgenen werkender Geheimgesellschaften, die in den Abenteuern eine große Rolle spielen. Neben Argentinien, Samarkand, Sibirien oder Afrika, wo der „romantische Narr", wie sich Corto Maltese selbst bezeichnet, seine Abenteuer und Kämpfe bestehen muss (dabei wird er immer wieder mit seinem bösen Alter Ego Rasputin konfrontiert), ragen vor allem zwei Werke aus dem zahlreichen Schaffen von Hugo Pratt weit heraus: Die 1967 erschienene *Südseeballade*, eine, wie der Name bereits vermuten lässt, auf den exotischen Inseln in der Südsee spielende Abenteuergeschichte, die auch von Jack London stammen könnte (selbiger hat übrigens auch neben Ernest Hemingway einen Gastauftritt in einem von Cortos Abenteuer), und der zehn Jahre später erschienene Band *Venezianische Legende*.

In dieser Geschichte entführt uns der Autor in ein Venedig der Sagen und Geheimnisse. Verwunschene Plätze, versteckte Gässchen und schaurig-schöne Palazzi bilden den Hintergrund dieses metaphysischen Traumgespinstes eines Venedig-Abenteuers.

Die Bedeutung und Ursprünge einiger Schauplätze werden zum leichteren Verständnis vom Autor in einem sehr persönlichen 14-seitigen Vorwort erklärt. Andere Orte, an denen sich die Protagonisten der *Venezianischen Legende* tummeln, werden wiederum nur vage erklärt und machen Lust darauf, sich selbst auf Entdeckungsreise in versteckte Hinterhöfe zu begeben, auf der Suche nach zugemauerten Toren, die ins Nichts zu führen scheinen, und nach der Entschlüsselung geheimer kabbalistischer Zeichen und Figuren, die an den Mauern der verschiedenen Palazzi immer wieder aufs Neue entdeckt werden wollen.

Der kleine Pratt wuchs in einem Schmelztiegel verschiedener Herkünfte auf. Sein Großvater väterlicherseits war Engländer, der Großvater mütterlicherseits jüdischer Abstammung und mit einer Frau verheiratet, die in der Türkei ihre Wurzeln hatte. Die Geschichten seiner Mutter, die einen ausgeprägten Hang zur Esoterik hatte und regelmäßig geheime Séancen besuchte, prägten den jungen Hugo genauso wie die seiner Großmutter, die von längst verschwundenen Plätzen und Türen in andere Welten handelten.

Ausgestattet mit den romantischen und geheimnisvollen Erzählungen von Mutter und Großmutter, begibt sich Pratt mit seiner Figur auf eine Reise in eine Scheinwelt, in ein romantisch-verklärtes, stets mit dem Mystischen behaftetes Venedig, dessen Geheimnisse nie ganz entschlüsselt werden.

Zwischen Flaschengeistern, puppenhaften Frauen mit silbernen Holzfüßen, verfolgt von den schwarz gewandeten Faschisten und vermummten Freimaurern findet er sich auf der Jagd nach einem geheimnisvollen Smaragd namens „Salomos Schlüsselbein" in einem Labyrinth aus Intrigen und verschlungenen Halbwahrheiten, nur knapp dem Tode entrinnend, in einer traumgleichen Stadt wieder, wo Zeit und Raum aufgehört haben zu existieren.

Hugo Pratts überbordende Vita

Pratts Lebenslauf liest sich selbst wie einziger Abenteuer-roman. Nach dem Umzug der Familie ins tiefste Afrika zwang der Vater den damals 14-jährigen Hugo, der Kolonialpolizei in Abessinien beizutreten. Er lernte die Sprache und Kultur die-ses fremden Landes von einem einheimischen Freund kennen, wie es für einen Angehörigen einer Besatzungsmacht eigent-lich damals unüblich war.

Nach dem Tod seines Vaters in Afrika kehrte Pratt 1943 nach Italien zurück und arbeitete dank seiner guten Englisch-kenntnisse bis Kriegsende als Übersetzer für die Alliierten. 1945 begann er seine Karriere als Comiczeichner. Vier Jahre später zog er nach Buenos Aires und blieb die nächsten 13 Jahre, um dort erfolgreich als Cartoonist zu arbeiten. Er wohnte kurz in São Paulo, zog dann nach London, endete aber schließlich wieder in Italien, wo er seine Karriere erfolgreich vorantrieb. Nachdem ihm Experten attestierten, zu den „most important cartoonists of the world" zu zählen, ließ er sich in Paris nieder, wo seine Abenteuer inzwischen zum Allgemeingut zählten.

Im Weiteren pendelte er dann zwischen Argentinien und Venedig. Dazwischen erfolgten immer wieder Reisen an ferne, exotische Ziele. Er reiste auch wieder nach Afrika auf der

Auf der Suche nach der „Casa di Corto Maltese"

Suche nach dem Grab seines Vaters. Marokko, Irland, New York, Kanada und Angola sind weitere Stationen auf Pratts Reisen, doch es trieb ihn immer wieder zurück in sein geliebtes Venedig.

Im Restaurant Graspo de Ua, das sich in einer winzigen Calle bei der Rialto-Brücke befindet, ist ein Saal dem Zeichner gewidmet. Pratt war hier oft anzutreffen, und wenn er kein Geld hatte, um die Zeche zu begleichen, bezahlte er mit einer Zeichnung. Jahrelang waren die wertvollen Bilder hier ausgestellt. Mittlerweile sind sie leider nicht mehr dort zu sehen. Im Speisesaal des dazugehörigen Hotels sind aber regelmäßig wechselnde Cartoons zeitgenössischer Künstler ausgehängt, und wenn man freundlich nachfragt, wird man vom Personal zu dieser Dauerausstellung geführt, auch wenn man nicht Gast im Hotel ist.

La Casa di Corto Maltese

Bis vor Kurzem war ein dem Abenteurer Corto Maltese gewidmetes kleines Privatmuseum unweit von San Giovanni e Paolo geöffnet. Gegründet, geführt und eingerichtet von

Manuela Marchesani, einer eingefleischten Kennerin der Materie, konnte man an der versteckt liegenden Adresse einen liebevoll zusammengestellten und sorgfältig arrangierten Mikrokosmos der Comicfigur Pratts besichtigen.

Zurzeit ist das Museum leider geschlossen und man kann nur einen Blick über die geheimnisvolle Mauer oder durch den steinernen Briefschlitz in den kleinen verwunschenen Vorgarten des Museums werfen.

Aber selbst die Suche nach diesem Corto-Maltese-Museum entspinnt sich für mich zu einer geheimnisvollen Reise durch die verwinkelten und versteckten Gassen Venedigs, da ich drei verschiedene Hausnummern für dieses Museum erhalten habe. Ein freundlicher Nachbar wies mir dann doch den richtigen Weg: Rio Terà dei Biri 5394, Cannaregio. Er meinte, sogar ein Gerücht gehört zu haben, dass das Museum seine Pforten wieder öffnen würde.

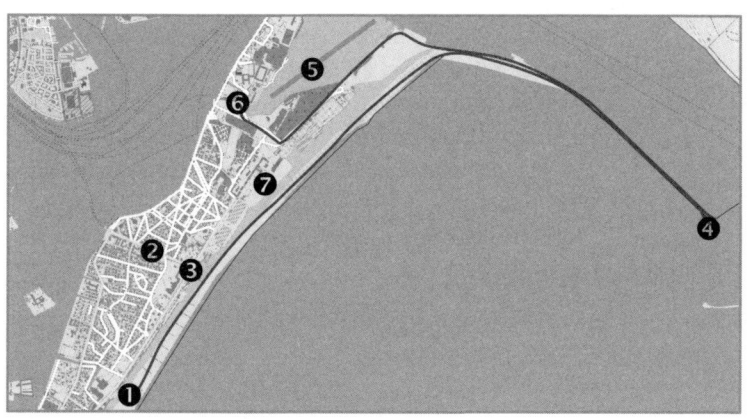

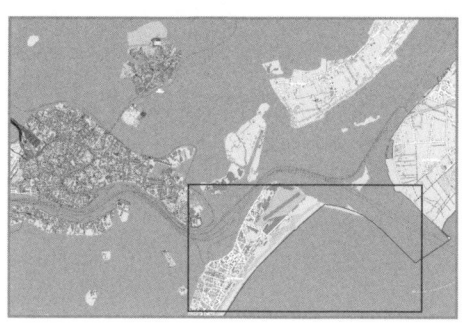

1 *Gran Hotel Excelsior*

2 *Gran Viale Santa Maria Elisabetta*

3 *Gran Hotel des Bains*

4 *Leuchtturm*

5 *Aeroporto Nicelli*

6 *Kloster San Nicolo*

7 *Militärhospital*

Zwischen Riesenhunden, Kreuzritterfriedhöfen und Geisterstädten

Lido di Venezia

Ein Spaziergang über den Lido

Wroooomssssssssch. Die Welle bricht mit lautem Krachen an den glitschigen, mit Algen und kleinen Muscheln besetzten Felsquadern, die, gleich einem Steg, weit in das grünblaue Wasser hineinreichen. Der Himmel ist mit durchlöcherten, großflächigen und heute sehr tief hängenden Wolken überzogen. Nur ab und zu kann sich die Sonne ihren Weg durch die Wolkendecke bahnen.

Der herbstliche Wind weht heftig und ohne Unterlass. Die Böen, die aus allen Richtungen zu kommen scheinen, sind aber trotz der späten Jahreszeit warm und nicht beißend kalt, wie es im November eigentlich die Regel ist. Ich schmecke die salzige Luft auf den Lippen, die feine Gischt überzieht mein Gesicht mit einem hauchdünnen Film Meerwasser. Die Haut prickelt angenehm, meine Haare sind binnen kürzester Zeit salzverkrustet und flattern im Wind.

Es ist noch zeitig am Morgen, und der Strand am Lido ist absolut menschenleer. Die Sonne ist erst vor einer halben Stunde aufgegangen. Den Blick auf die Weite des Meeres gerichtet, überkommt mich, wie immer wenn die Sekunden zu Minuten werden und das Starren auf die Brandung eine beinah meditative Wirkung auszuüben beginnt, ein wenig Lebensdemut.

Wellenpanorama

Am Horizont zieht ein Fischkutter vorbei. Aus seinem Schlot steigt eine graue Rauchfahne, die sogleich von dem böigen Wind in kleine Fetzen zerrissen wird. Ich drehe mich um und blicke in Richtung des Grand Hotel Excelsior, das mit seinen unzähligen Fenstern und seiner mit Bögen und Kuppeln verzierten Fassade wie ein exotisch-orientalischer Palast im Winterschlaf wirkt. Von den zum Hotelstrand gehörenden Kabanen, die im Sommer von den Reichen und Schönen aus aller Welt in Beschlag genommen werden, sind nur die Spitzen ihrer Dächer zu sehen. Während der Winterzeit trennt eine für diese Zeit aufgeschichtete, etwa zwei Meter hohe Sanddüne das Meer von den dahinterliegenden Strandanlagen.

Unzählige Muscheln, die den Strand wie ein Teppich überziehen, knirschen unter meinen Schuhsohlen. Während der Sommermonate wird der Strand hier jeden Tag von Schwemmgut, Muscheln und Algen gereinigt. In der Winterzeit überlässt man den Strand sich selbst, und neben Millionen von Muscheln und Meeresschneckenpanzern findet man angeschwemmte Bäume, fußballgroße Algen, losgerissene Bojen, Fischernetze, alte Köder und vieles mehr, was die Brandung an den Lido schwemmt.

Der Lido ist eine elf Kilometer lange und an seiner breitesten Stelle knapp einen Kilometer messende Landzunge aus angeschwemmtem Sand, die nicht nur die Lagune und die Stadt vor dem Meer schützt. Der Lido ist auch der Strand der Venezianer, der seinen ganz eigenen Gesetzen gehorcht, nach seinem eigenen Tempo lebt und deren Einwohnerschaft überwiegend auf zwei Orte verteilt ist.

Knapp 18.000 Einwohner leben hier auf vier Quadratkilometern, wobei der Großteil im Hauptort Lido wohnt und nur circa 700 Einwohner zur Gemeinde Alberoni an der Südspitze des Lidos zählen.

Bekannt wurden der Lido und seine mondänen Seebäder auch als Kulisse von Thomas Manns epochalem Werk *Der Tod in Venedig*, das im Grand Hotel des Bains spielt, dem zweiten Palasthotel neben dem Excelsior.

An der nördlichen Spitze grenzt der Lido an den Canale San Nicolò. Ebendort, am Porto di Lido, befindet sich ein Leuchtturm, den bereits Rilke bei seinen Venedig-Reisen gerne besuchte, wenn ihn seine Schreibkrisen befielen und so es ihm der Wächter, der den Weg dorthin beaufsichtigte,

Raue Dünung am Lido, im Hintergrund das mondäne Grand Hotel Excelsior

Hotelstrand im Winterschlaf

gestattete: „[...] am äußersten Ende, beim Fort San Niccolo, reicht ein steinerner Damm an die dreiviertel Stunden weit in's Meer hinaus – man kann nicht immer hin, manchmal verwehrts ein Wachposten, wenns aber geht, lauf ich bis ans ganz blaue raumige Ende, völlig allein im strahlendsten offenen Umkreis. Das ist ein wahrer Segen." (Brief an Marie von Thurn und Taxis, 29. 3. 1912)

An der südlichen Spitze endet der Lido, hat man einmal Malamocco passiert, bei Alberoni, wo man das Fährboot nach Pellestrina besteigen kann und letztlich nach Chioggia gelangt. Dafür muss man allerdings erst Pellestrina durchqueren, das fast genauso lang ist wie der Lido, dafür aber noch um einiges schmäler.

Ich wandere den verlassen vor mir liegenden Strand entlang, durchwate Pfützen, weiche den gestrandeten Schaumkronen der unablässig heranrollenden Wellen aus. Der am Ufer zurückbleibende weiße Schaum flattert wie aufgeschäumte Rasiercreme im Wind. Ich genieße die wärmende Sonne, die nun ihre herbstliche Kraft noch einmal voll entfaltet.

Ich entdecke leuchtende Köderfische inmitten der angeschwemmten Muschelberge, einen kleinen Holzsteg, der von

Strandgut

der Kraft der Wellen irgendwo losgeschlagen wurde und nun auf dem Strand vor den Toren Venedigs seinen Bestimmungsplatz gefunden hat. Eine losgerissene, leuchtend rote Plastikboje, auf der Unterseite mit Algen und kleinen grauen Muscheln überzogen, rollt im knöcheltiefen Wasser hin und her. Die Wellen umtanzen den Plastikkörper, an dem noch die Enden eines abgerissenen Taus hängen. Zwei Möwen streiten sich mit kreischenden Lauten darum, wer auf dem in den Wellenausläufern tanzenden Plastikkörper Platz nehmen darf.

Hinter mir erstreckt sich die weiße, modernistische Fassade des Palazzo del Cinema, der 1937 bei der fünften Ausgabe der alljährlich stattfindenden Filmfestspiele von Venedig aus der Taufe gehoben wurde und seitdem jedes Jahr – außer in den Kriegsjahren – die Kulisse für das mondäne Festival, die „Mostra Internazionale d'Arte Cinematografica", abgab. 1952 wurde der Palazzo erweitert und bietet seitdem 1100 Besuchern Platz. Federico Fellini soll einmal gesagt haben, dass, wenn man als Regisseur den Palazzo del Cinema betrete, man auch die höchste Prüfung bestanden habe.

Ein Besuch der herbstlichen Filmfestspiele lohnt sich auf jeden Fall. Hier trifft man auf Größen der Filmwelt wie Robert de Niro, Nicole Kidman oder Quentin Tarantino ohne trennende Gitter oder Abschirmungen. Die Ankunft der Stars auf dem Wasserweg bei den Landeplätzen des Hotel Excelsior ist von der darüberführenden Straße aus gut einzusehen. Oftmals finden Interviews auch auf dem Strand statt, wo man als ahnungsloser Strandspaziergänger schon mal unbeabsichtigt durch die Kameraeinstellung läuft. Die stimmungsvollen Freiluftfilmpräsentationen unter Sternenhimmel und die vielen Festivitäten und Partys prägen in diesen Wochen die Veranstaltungskalender der Stadt.

Neben dem Filmpalast befindet sich, leicht zurückversetzt, der graue, klobige Klotz des Palazzo del Casinò, in den in den Sommermonaten das sonst im Palazzo Vendramin am Canal Grande beheimatete Casino umzieht. Das Casino soll übrigens laut Verlautbarung des Bürgermeisters von Venedig zum Verkauf freigegeben werden. Mit der Versteigerung der Casinolizenz erhofft man sich, zumindest einen kleinen Teil der immensen Löcher in den maroden Stadtkassen Venedigs stopfen zu können.

Ich wandere den Strand weiter entlang, die Oberfläche des Meeres ist mittlerweile nicht mehr von Schaumkronen durchzogen, die Farbe hat ein strahlendes, dunkles Blau erreicht. Auf der Höhe des Grand Hotel des Bains, das vergeblich auf seine Wiedererweckung hoffte, begegne ich dem ersten Menschen, der genau wie ich die verlassene Weite des endlosen Strandes an diesem prachtvollen Herbsttag zu genießen scheint. Eine füllige Dame mittleren Alters, in eine dicke Windjacke eingewickelt und ihre Augen hinter einer riesigen schwarzen Sonnenbrille versteckt, die am Rand mit glitzernden Strass-Steinen besetzt ist, nickt mir im Vorübergehen zu. Ihr Kragen ist zum Schutz gegen den vor Kurzem noch heftig wehenden Wind hochgeschlagen. Ihr langes Haar ist unter einer Wollmütze versteckt und sie watet barfuß durch das knöcheltiefe Wasser, in der einen Hand ihre Schuhe, in der anderen eine Hundeleine.

Hinter einer Düne schießt ein monströser Hund unde-finierbarer Rasse hervor und sprintet punktgenau auf mich zu. Die Statur des Hundes gleicht der eines kleinen Pferdes. Ich erstarre zur Salzsäule, als das Riesending an mir hoch-springt, mir beide Vorderpfoten schwer auf die Schultern legt und gerade dazu ansetzt, seine heraushängende Zunge quer über meine Wangen zu ziehen, als im letzten Augenblick die Besitzerin das Riesenvieh von mir wegzieht. Erst wird der Hund – es handelt sich anscheinend um eine Hundedame, da sie auf den Namen Callas hört – ausgeschimpft und dann er-folgt die gestenreiche und aufrichtige Entschuldigung beim Opfer. Ich muss innerlich schmunzeln, da Callas mit sichtlich schlechtem Gewissen und gesenktem Haupt ganz brav dasitzt, nachdem sie die Schimpftirade ihres Frauchens über sich erge-hen lassen musste.

Die Hundebesitzerin stellt sich als Gabriella vor. Sie spricht fließend Deutsch, da ihre Mutter aus dem Schwaben-land stammt. Gabriela ist auf dem Lido aufgewachsen und be-treibt unweit von hier gemeinsam mit ihren Eltern in den Som-mermonaten eine kleine Pension. Sie hat den ganzen Winter über frei. Beneidenswert, denke ich. Sie erzählt mir von den Strandspaziergängen, die sie täglich gemeinsam mit Callas un-ternimmt. Sie kenne Wien von mehreren Besuchen und meint, dass auch meine Heimatstadt über viele schöne Parks verfüge. Wir einigen uns aber darauf, dass das in keinem Vergleich zu diesem Strand steht.

Gabriella ist etwas älter als ich, und da um diese Jahres-zeit nicht sehr viele Menschen auf dem Lido anzutreffen sind, nimmt sie jede Chance für einen kleinen Plausch wahr, wie sie mir lachend gesteht. Sie fragt mich neugierig darüber aus, was ich um diese Jahreszeit auf dem Lido zu schaffen habe. Sie nickt bedächtig und hört mir aufmerksam zu. Im Gegen-zug gibt sie einiges über das Leben im Schatten von Venedig preis. Sie erzählt von den arbeitsreichen Sommermonaten in ihrer kleinen, familiären Pension, die sie wohl bald als alleinige Chefin übernehmen wird. In den ruhigen Wintermonaten verdient sie sich etwas mit ihren Nähkünsten dazu oder zieht mit ihrer heiß geliebten Callas kreuz und quer über ihre „Heimatinsel", wie sie sie selber nennt.

Verheiratet sei sie nie gewesen. Keine Zeit dafür, meint sie lachend. Im Sommer würde sie von morgens bis abends nur arbeiten, und im Winter stünden die Chancen, auf dem Lido jemanden kennenzulernen, nicht gerade sehr hoch. Außerdem müsste ein möglicher Lebenspartner sie mit Callas teilen, von der sie sich nie trenne.

Nach Venedig komme sie nur selten, da ihr Hund auf dem Vaporetto „seine Launen" bekäme und sie daher Bootsfahrten mit Callas, wenn möglich, meide. Ich will gar nicht so genau wissen, was mit „Launen" gemeint ist, und kann mir gut vorstellen, wie es wäre, wenn Callas Liebe suchend ein Vaporetto samt Besatzung in der Lagune versenkt.

Wir verabschieden uns, und ich blicke ihr nach, wie sie mit hochgekrempelter Hose im knöcheltiefen Wasser davonwatet. Ihr Blick ist Richtung Meer gerichtet, die wärmenden Sonnenstrahlen absorbierend. Ihr bronzefarbener Teint leuchtet im Sonnenschein. Die überdimensionale Callas ist bereits davongesprintet und verschwindet wieder hinter einer Sanddüne.

Vorbei an winterfest verpackten Kabanen passiere ich die verschiedenen Strandabschnitte und die in regelmäßigen Abständen angebrachten Wellenbrecher, die den lang gezogenen Lido in kleine Buchten unterteilen. Am Ende der Gran Viale Santa Maria Elisabetta, die die Bootsanlegestelle der Vaporetti schnurgerade mit dem Strand verbindet, liegt der Hauptzugang zum öffentlichen Strand. Ein dort errichtetes bunkerartiges Bauwerk mit Stegen, Treppchen und Terrassen wurde nach jahrelangen Verzögerungen endlich fertiggestellt und wirkte bereits bei seiner Eröffnung sanierungsbedürftig. Ursprünglich waren für diesen Hauptzugangspunkt zum Strand einige kleine Shops und Bars geplant. Die haben aber nie eröffnet. Das eigenartige Strandgebäude wirkt leer und verödet. Weder von den Bewohnern des Lidos noch von den Badegästen wird es richtig angenommen.

An der Viale Santa Maria Elisabetta nehme ich im kleinen Gastgarten eines Kiosks Platz. „A good Burger is better than a bad Moovie (sic)!" steht auf der Rückseite der grünen Bretterbude. Der Espresso wird in einem winzigen Glas, das auf einer Untertasse balanciert, serviert. Der einzige weitere Gast lümmelt in der Ecke des winzigen Gastgartens. Seine nikotingelben Finger ziehen an einer Selbstgedrehten. Sein Husten kommt von ganz tief unten und seine Bronchien rasseln.

Gerade nimmt er den letzten Schluck seines Vormittagsbieres direkt aus der Flasche, ohne dabei den Blick von der Sportseite des *Gazzettino* zu heben. Der würzige Geruch des Tabaks vermischt sich mit den Kaffeedüften und der salzigen Meeresluft, die vom nahen Strand herübergetragen wird. Er winkt mit der leeren Flasche, und ein weiteres Bier landet auf dem Tisch.

Amy Winehouse scheppert blechern aus den Lautsprechern, und weil gerade nichts zu tun ist, nimmt auch der Kioskbesitzer mit einer Tasse Kaffee auf einem der Tischchen neben mir Platz. Er erzählt mir stolz von seinem neuen Lokalprojekt bei der Rialto-Brücke, das in der kommenden Woche seinen Betrieb aufnehmen soll. Vorausgesetzt, die Abschlussgespräche mit den örtlichen *Commercialista*-Beamten führen zum erwünschten Ergebnis. Hochqualitative, frisch zubereitete Burger will er dort anbieten, und er beeilt sich zu versichern, dass seine Burger nichts mit denen der Fast-Food-Ketten zu tun hätten.

Ich bekomme einen Vortrag über die Geschichte des Burgers. Ich merke, Davide, so stellt er sich mit festem Händedruck vor, scheint zu wissen, wovon er spricht, als er mir sein Ziel erklärt, mit dem geplanten Lokal Venedigs „Burgerplace

Der Poet Davide

Number One" zu werden. Er habe erfolgreich eine Bar auf dem Campo Santa Margherita geführt, ein Restaurant auf dem Lido betrieben, als Salesman für einen großen Bierimporteur gearbeitet und sich als Übersetzer und Englischlehrer verdingt. Sein ungewohnt britischer Akzent klingt angenehm und eben „very british".

Immer wieder müssen wir unser Gespräch unterbrechen, da Davide hinter die Theke eilt, um mit flinken Fingern für vorbeikommende Gäste einen dampfenden *nero* zuzubereiten. Er kennt fast alle seine Gäste beim Namen und wechselt mit jedem ein paar Worte. Die wieder einmal kurz vor dem Kollaps stehende Regierung ist das vorherrschende Tagesthema. Und als sich Davide, nachdem er das dritte Bier kommentarlos am Nebentisch abgestellt hat, wieder neben mir auf einen der Sessel fallen lässt, erklärt er mir, dass sein Land momentan auf dem Boden liege. Vielerorts würden Produktionsbetriebe geschlossen werden, die Leute von heute auf morgen ihre Jobs verlieren und auf der Straße stehen. Es sehe nicht sehr gut aus. Italien habe zwar schon viele Krisen in den letzten Jahrzehnten durchlebt, aber so schlimm wie zurzeit sei es noch nie gewesen.

Der Schauplatz für Thomas Manns „Tod in Venedig" – das Grand Hotel des Bains

Davide weiß auch, dass er momentan noch auf einer Art wirtschaftlichen „Insel der Glückseligen" wohnt, da Venedig ungebrochen und fernab aller Krisen zu den meistbesuchten Reisezielen der Welt zählt. Die Kaufkraft der in der Lagune lebenden Menschen ist allerdings in letzter Zeit drastisch zurückgegangen. Trotzdem ist er zuversichtlich. Die Italiener wüssten, wie sie in schweren Zeiten zu reagieren und zu handeln hätten, auch wenn harte Jahre auf das Land zukommen werden, meint Davide. Das Land werde sich neu orientieren, vieles sich ändern müssen, aber die Italiener hätten es auch in der Vergangenheit immer wieder geschafft, den „Karren aus dem Dreck" zu ziehen.

Ich zeige auf das nun seit einigen Jahren geschlossene Grand Hotel des Bains auf der gegenüberliegenden Straßenseite und frage, wann man mit einer Wiedereröffnung des Schauplatzes von Manns *Tod in Venedig* rechnen könne. Schließlich zehrt der Lido noch immer von der Reputation des mondänen Gebäudes. Nicht wenige Venedig-Besucher kommen an den Lido ausschließlich, um einen Blick auf die geschichtsträchtigen Fassaden zu werfen.

Er winkt vielsagend ab. Momentan sehe es so aus, als ob das Des Bains seine Pforten für immer geschlossen halte. Das

Projekt wurde einem Konsortium überantwortet, das das sanierungsbedürftige Gebäude in eine Mischform aus Hotel und Privatappartements umbauen wollte. Wie so oft in Italien versickerten Millionen in dunkle Kanäle, das verantwortliche Konsortium stellte sich als nicht sehr seriös heraus. Dieselben Leute sind auch für das seit Jahren verfallende ehemalige Militärhospital, das sich nördlich von hier befindet, verantwortlich, wo eine ähnliche Problematik vorherrscht.

Wenigstens das Projekt *Mose* dürfte nach lang andauernden Verzögerungen in den nächsten zwei Jahren fertiggestellt werden. Ob sich mit dem milliardenschweren Projekt allerdings die Hochwasserlage in der Lagune zum Besseren wandeln wird, wagt Davide nicht zu prognostizieren. Zu komplex seien die Vorgänge, die der Gezeitenstrom bewirkt.

Davide muss sich wieder um seine Gäste kümmern, während ich in der ungewöhnlich warmen Novembersonne sitze und das Treiben auf der Viale beobachte. Wegen des vorherrschenden Sonnenscheins und des prachtvollen Tages treibt es die Bewohner des Lidos, aber auch die ersten Tagestouristen in Richtung Strand.

Davides Mitarbeiter tritt seine Tagesschicht an und übernimmt nun die Zubereitung der Getränke und Snacks. Davide lässt sich wieder neben mir nieder, zwei *Spritz* in der Hand. Einen davon stellt er ungefragt vor mich auf den Tisch.

Er streicht sich wieder nachdenklich durch den Bart, den Blick ein weiteres Mal auf das geschlossene Grand Hotel des Bains gerichtet. Fünf Jahre seien nun vergangen, seit das Hotel seine Pforten geschlossen hat, meint er. Eine Lösung für den leer stehenden Bau sei nicht in Sicht. Die Uhren schlügen hier eben anders als in der restlichen Welt, meint er sinnierend und macht einen kleinen Schluck. Er beginnt von dem Gelände des mittlerweile zur Geisterstadt mutierten ehemaligen Militärhospitals zu erzählen. Die Ästhetik des Verfallenen spreche ihn an, und als ich ihm auf dem kleinen Bildschirm meiner Kamera die eindrucksvollen Motive zeige, die ich dort vor einigen Tagen abgelichtet habe, ist er begeistert. Aber erst als unser Gespräch bei Kunst, Malerei und Musik landet, taut Davide richtig auf. Er finde es schade, dass die im Zweijahrestakt ausgerichtete Kunstbiennale, die mittlerweile die ausgefallensten Locations in ganz Venedig bespielt, noch immer nichts Adäquates auf dem Lido zustande bringe. Viele Plätze und verlassene Areale würden sich dafür anbieten.

Die jährliche Film-Biennale, die eine völlig andere Besucherschicht als die Kunst-Biennale anzieht, sei allerdings nach einem jahrelangen Höhenflug wieder im Abflauen, zumindest was die Besucher betrifft. Das Fachpublikum würde sich vorwiegend in den Kinosälen aufhalten, und aufgrund der immer schlechter werdenden Arbeitsbedingungen vieler Filmjournalisten bleibe bei den meisten nicht genug Geld übrig, um nach getaner Arbeit auszugehen. Die in der Nähe des Palazzo del Cinema liegenden Lokale beklagen sich seit Jahren über stark rückläufige Umsätze.

Davides Herz schlägt für die Kunst. Er verfasse Gedichte, wie er mir gesteht, er schreibe gerne und habe auch ein Faible für Musik und Malerei. In all seinen bisherigen Wirkungsstätten sei es ihm immer wichtig gewesen, auch ein kunstinteressiertes Publikum anzusprechen. Von Livekonzerten bis zu Vernissagen habe das Programm gereicht, das er, vernetzt mit vielen Schreibern, Musikern und Künstlern aus Venedig und dem Umland, früher auf die Beine stellte. Leider hätten viele nicht dem Kommerz untergeordneten Galerien und Buchgeschäfte in den letzten Jahren schließen müssen, da sie sich die horrenden Mieten in Venedig nicht mehr leisten konnten.

Ich erzähle ihm von Sergio und seiner Schatztruhe (siehe S. 31–32), der ja mit seiner Buchhandlung noch zu den letzten Institutionen der Stadt gehört. Davide springt wortlos auf und deutet mir, ihm zu folgen. Auf der Rückseite seines Kiosks öffnet er eine kleine versperrbare Truhe, aus der er ein überdimensionales Mick-Jagger-Poster entrollt, das er mir stolz präsentiert. Es handelt sich um ein Originalposter aus den 60er-Jahren. Ein Geschenk von Sergio, mit dem er schon seit vielen Jahren befreundet ist und das ihm dieser für eines seiner ehemaligen Lokale überreicht hat. Davide hält dieses Geschenk wie einen Schatz in Ehren. In seinem neuen Lokal wird es sicher einen Ehrenplatz erhalten.

Ich bin erstaunt über den Zufall, aber Davide erklärt mir, dass sich fast alle Venezianer untereinander, zumindest über drei Ecken, kennen würden. Ich mache die Probe aufs Exempel und erzähle ihm von Giovanna, die ich vor Kurzem auf Murano in ihrem Lokal besucht habe. Auch die kennt Sergio, da er auf den Fondamenta Nuove aufgewachsen und in seiner Kindheit immer nach Murano gependelt sei, um dort Basketball zu spielen. Das sich damals neben dem Basketballplatz befindliche Haus habe Giovannas Eltern gehört, und so kenne er auch die Betreiberin des Acquastanca von Kindesbeinen an. Er streicht sich abermals durch den Bart und meint, dass er sie seit einiger Zeit nicht mehr gesehen habe, da er schon etliche Jahre nicht mehr auf Murano gewesen sei.

Dann muss sich Davide wieder an seinen angestammten Platz hinter der Theke begeben. Der kleine Garten ist mittlerweile bis auf den letzten Platz besetzt und die Pflicht ruft an einem der letzten warmen Tage auf dem Lido.

Prince kreischt mit Kopfstimme *Purple Rain*.

Ausflug an den nördlichen Lido

Eine schöne Route für einen halbtägigen Spaziergang auf dem Lido führt von der Gran Viale Santa Maria Elisabetta strandseitig in Richtung Norden bis zum Leuchtturm. Auf dem Rückweg kann der interessierte „Wanderer" das handtuchbreite „Hinterland" erkunden, das von den Besuchern des Lidos meist sträflich vernachlässigt wird und noch für einige Entdeckungen gut ist, bevor man wieder an den Ausgangspunkt in der Gran Viale zurückkehrt.

Wendet man sich dem Lido Richtung Norden zu und lässt man die Strandbäder hinter sich, dann hat man selbst in der Hochsaison, die auf dem Lido immer sehr sanft ausfällt und nichts mit den überlaufenen Stränden der benachbarten Adriaorte gemein hat, genügend Platz. Der Strand ist nur vereinzelt mit ein paar Sonnenanbetern belegt.

Der heruntergekommene, als einziger Komplex noch in Betrieb stehende kärgliche Rest des riesigen Militärhospitals (zu dem wir auf unserem Rückweg noch einen kleinen Abstecher machen werden) liegt direkt hinter dem Strand, seine verwitterte Fassade harrt schon seit Jahren einer Renovierung. Im letzten Drittel des Strands befinden sich noch ein paar Strandbäder, einige davon sind Angehörigen des Militärs vorbehalten.

Auch auf dem Lido gibt es Tore, die ins „Nichts" führen.

Die einzelnen Strandbäder haben so klangvolle Namen wie „Paradise" oder „Pachuka Beach". Braun gebrannte *salvataggi* wachen im Sommer, ganz nach amerikanischem Vorbild, von überdachten Strandtürmen aus über die Schwimmenden. Passt der Wind und der Wellengang, dann gibt sich hier die überschaubare örtliche Surfergemeinde ein Stelldichein.

Am Ende des Sandstrands befindet sich dann nur mehr karges Marschland hinter den flachen Dünen. Ein kleines Vogel- und Naturschutzgebiet wurde abgezäunt, aber nie fertiggestellt. Es sieht mangels Budget unbetreut seinem Verfall entgegen. Holzstege führen durch diesen Strandabschnitt, dazwischen wurden hüfthohe Zäune aus Schilf strategisch günstig platziert, um geschützte Brut- und Nistplätze zu schaffen. Die Rahmen der Holzgerüste, die den ursprünglich geplanten Naturlehrpfad illustrieren und für die Besucher erklären sollten, sind leer und verwittern bereits in der salzigen Meeresluft.

Klettert man an Steinen des Porto San Nicolò zu dem Gehweg hinauf, der bis zum Leuchtturm hinausführt, kann man das emsige Treiben an der Großbaustelle des Milliardenprojekts *Mose* sehen, in das momentan alles noch vorhandene Geld der maroden Stadtkasse Venedigs fließt. Alle

Wohnbauförderungen für Venedig und den Lido wurden dafür trotz zahlreicher Proteste ersatzlos gestrichen. Im Jahre 2016 soll die „unendliche Geschichte" des umstrittenen Megaprojekts endlich abgeschlossen sein.

Ob es allerdings dann mit der Verbannung des *acqua alta* getan ist, bezweifeln Kenner der komplexen Fauna und Flora der venezianischen Lagune, die Schlimmstes in Bezug auf die Umweltauswirkungen von *Mose* prognostizieren. Gegner wie Befürworter warten schon ungeduldig auf das Ergebnis, sobald *Mose* seine Feuertaufe bestanden hat.

Der von riesigen im Meer versenkten Steinquadern umsäumte Weg führt weit ins Meer hinaus, bis zum lauschigen Leuchtturm. Der Weg dorthin ist übrigens nicht zu unterschätzen, nimmt dieser doch ein ganz schönes Stück Zeit in Anspruch. Trotzdem lohnt es sich. Vor allem wenn man seinen Picknickrucksack umgeschnallt hat und sich am Ziel, auf den Felsen sitzend und ins blitzblaue Meer starrend, mit ein paar Scheiben Mortadella, einem Stück Frischkäse und einem Schlückchen Traminer belohnt.

Verlassene Bunkeranlagen säumen das Hinterland des nördlichen Lidos.

Wem der Weg per pedes zu weit sein sollte, der kann auch an einen der Radverleiher, die sich in der Umgebung der Vaporetto-Anlegestelle befinden, herantreten, um sich für die Erkundung des Lidos ein Zweirad zu leihen.

Auf dem Rückweg kann man den verwaisten Vogel- und Naturlehrpfad umrunden, wo sich ehemalige militärisch genutzte Bunkeranlagen befinden, die von der dort üppig wuchernden Vegetation umrankt sind. Hält man sich in Richtung Süden, so befindet sich zur Rechten das begrünte Flugfeld des kleinen Flugplatzes Nicelli. Wer Venedig per Helikopter entdecken möchte, der hat hier die Möglichkeit dazu.

Biegt man von der Viale Umberto Klinger rechts in die Via Giannantonio Selva ab und folgt dieser, erreicht man die Anlegestelle der Autofähre. Wer Lust auf den neuesten Tratsch der Gemeinde hat, kann sich in der kleinen Bar an der Via Selva mit Snacks und bei einem Glas Sauvignon oder bei einer Tasse Kaffee laben. Die Lenker der hier tagaus, tagein aufgereihten Fahrzeuge treffen sich gern auf ein Schwätzchen, während sie auf die Überfahrt aufs Festland warten. In der Wartezeit wird hier das aktuelle Geschehen besprochen und über korrupte Politiker hergezogen. Die wunderbare Aussicht auf das benachbarte Venedig gibt es gratis dazu.

Von hier gelangt man über die Riviera San Nicolò zum gleichnamigen Kloster. San Nicolò al Lido teilt sich bis heute mit Bari die nachweislich von ein und derselben Person stammenden Reliquien des Heiligen, wobei man in Bari nach wie vor die unter dem Sarg austretende Flüssigkeit, das sogenannte „Manna", in kleine Fläschchen abfüllt, die als heilende Essenz im Kirchenshop käuflich zu erwerben ist.

Zu filmischen Ehren kam San Nicolò al Lido als Filmkulisse für das Hauptquartier des britischen MI6-Geheimdienstes in der 1979 entstandenen James-Bond-Verfilmung *Moonraker*.

Nach dem Besuch des Klosters sollte man noch die paar Schritte zum Gebäude des anschließenden *aeroporto* machen.

Von dem Flughafengebäude geht eine eigenartige Faszination aus. Hier scheint sich seit den 50er-Jahren nicht viel verändert zu haben. Die stilvolle, mit der Aura längst vergangener Tage behaftete Location ist übrigens auch für Feste und Feiern zu mieten.

Bei Erweiterungsarbeiten wurden vor einigen Jahren auf dem Flughafengelände die Überreste eines Kreuzfahrerfriedhofs entdeckt. Über 30.000 Kreuzfahrer warteten hier Anfang des 13. Jahrhunderts in Zeltstädten auf ihre Ausschiffung ins Heilige Land, um dort im 4. Kreuzzug weitab der Heimat zu kämpfen. Bis zu acht Monate mussten sie auf dem Lido ausharren, da in den venezianischen Staatskassen mal wieder Ebbe herrschte. Sie wurden somit unfreiwillig die ersten Touristen, die der Lido beherbergte. Diejenigen, die hier verstarben, wurden vor Ort in den Dünen bestattet.

Leider ist von den Überresten des Friedhofs heute nichts mehr zu sehen. Nach dessen Entdeckung wurde die historisch wertvolle Begräbnisstätte flugs in einer äußerst dubiosen Nacht-und-Nebel-Aktion zugeschüttet und zubetoniert. Es gibt nicht einmal eine Gedenktafel, die auf diese historische Stätte verweist.

Zurück an der Riviera, mit dem fantastischen Ausblick auf Venedig zur Rechten, kann man kurz vor der Abzweigung zur Via Cipro durch das versperrte Tor einen Blick auf den ältesten Teil des jüdischen Friedhofs werfen. Der Haupteingang zum neueren Teil des stimmungsvollen Friedhofs, wo jüdische Bürger aus ganz Italien bestattet sind, befindet sich in der Via Cipro. Die auf dem Friedhof für Männer erforderliche Kippa (Kopfbedeckung) bekommt man beim Friedhofswärter ausgehändigt.

Geht man am Eingangsportal des neueren Teils des jüdischen Friedhofs vorbei und biegt am Ende der Mauer links in die Via Marco Polo ein, gelangt man an der Rückseite des Friedhofs zur Strada dietro l'Ospizio Marino und zu den

eindrucksvollen Ruinen einer Geisterstadt mit beklemmender Atmosphäre. Zwischen den verlassenen Gebäuden und Straßen des einstigen Militärhospitals, das an der Frontseite vom Badestrand des Lidos begrenzt wird, herrscht eine morbide Stimmung des Verfalls, die nur sehr schwer in Worte zu fassen ist.

Zerschlissene Vorhänge wehen aus eingeschlagenen Fenstern. Bröckelnde Fassaden, an denen der Verputz großflächig abgeplatzt ist, verwittern in der salzigen Meeresluft. Kletterpflanzen, die sich ihren Weg durch die leeren Fensterhöhlen in die verlassenen und verwaisten Gebäude bahnen. Umgestürzte Zäune und mannshohes Unkraut, das zwischen den Betonplatten des Straßenbelags, inmitten auf den ehemaligen Fahrbahnen des Hospital-Komplexes, wuchert. Lose Fenster- und Türläden, die im Wind klappern und dem Ort etwas Gespenstisches verleihen. Verrottete elektrische Leitungen, die sich von den fleckigen Fassaden ringeln, und verbogene Außenrollos aus Metall, die im steten Rhythmus der Meeresbrise klappern.

In einigen der verfallenen Räume befinden sich noch dick mit Staub überzogene, vergammelte Einrichtungsgegenstände. Es erweckt den Anschein, als ob diese Teile des Hospitals

fluchtartig verlassen wurden. In anderen, sorgsam ausge-
schlachteten Räumen weist nichts mehr darauf hin, dass hier
vor einigen Jahren noch Angehörige des italienischen Militärs
behandelt und therapiert wurden.

Von der Umfriedung des Geländes fehlen bereits einige
Teile oder sind zwischenzeitlich so desolat, sodass man sich
schon von außen ein beeindruckendes Bild der dem Verfall
preisgegebenen „Stadt in der Stadt" machen kann. Wagemutige
können sich durch eine Lücke im Zaun zwängen und so das
Gelände, das einer Filmkulisse aus *The Walking Dead* entsprun-
gen sein könnte, vorsichtig erkundigen. Gänsehaut garantiert!

Den Ausgangspunkt in der Gran Viale erreicht man entwe-
der, indem man, am Haupteingang des verfallenen, mit Graf-
fitis behübschten Hospital-Komplexes vorbei, den Lungomare
Gabriele D'Annunzio direkt hinter dem Strand mit Blick aufs
Meer entlangschlendert, oder die Via Marco Polo zurückgeht
und links wieder in die Via Cipro einbiegt.

Auf der Höhe der Via Aldo Manuzio mündet ein Kanal
in die Via Cipro ein. Hier steht ein mobiler Gemüsestand, wo
direkt vom Wagen herunter frisches Obst und Gemüse, das
zum Teil von den bewirtschafteten Inseln der Lagune stammt,
verkauft wird. Je nach Saison bekommt man hier knackigen
Wildspargel und die kleinen, wohlschmeckenden Artischocken, die auf der Insel San Francesco del Deserto angebaut
werden.

„Klein-Amsterdam" habe ich diesen kurzen Abschnitt des
Lidos für mich getauft. Der ruhige Kanal mit den vertäuten
Booten und den gusseisernen Brücken sowie die parkenden
Autos entlang der malerischen Häuser und Villen versprühen
hier ein klein wenig beschauliches Amsterdam-Flair.

Wo der Kanal in der Via Cipro endet, befindet sich an
der linken Seite die Zufahrt zum Parkhaus und der Hinter-
eingang zum „Giardino Pubblico", in dem sich das Planeta-
rium des Lidos befindet. Sternenforscher haben hier zwischen

„Klein-Amsterdam"

1. Oktober und 31. Mai öffentlichen Zutritt. Für Gruppen und Schulen kann man das ganze Jahr über Führungen buchen, um den Sternenhimmel über Venedig zu beobachten.

Vor dem Haupteingang des Parks, nur einige Meter von der Gran Viale entfernt, steht in den Sommermonaten ein alter roter Doppeldeckerbus, aus dem heraus frisch zubereitete Burger verkauft werden. Auf der gegenüberliegenden Straßenseite befindet sich der Eingang zum kostenpflichtigen Strandbad, wo man dann die müden Füße im Schatten eines Sonnenschirms in den Sand stecken oder ein erfrischendes Bad im Meer nehmen kann. Strandcafé, Kiosk, Duschen und Sanitäranlagen sind hier ebenfalls vorzufinden.

Lido-Tipps

Panificio Pasticceria Scarpa Cosetta
Piazzale Santa Maria Elisabetta 1
Diese Bäckerei mit dem stets freundlichen und flinken Personal befindet sich direkt an der Bootsanlegestelle „Lido“, gleich links in dem gelben Gebäude des Hotel Panorama (zwei weitere Filialen sind auf dem Lido in südlicher Richtung zu finden). Hier bekommt man neben einer Auswahl frisch duftender Brote auch die besten Dolci weit und breit – und das zu einem sagenhaft günstigen Preis. Probieren Sie einmal die schokogefüllten Meringe, den mit Creme gefüllten Babà oder die üppigen Cannoli.

Die bunt gefüllte Vitrine sieht nicht nur verführerisch aus, die kleinen, täglich frisch gebackenen Naschereien, die nur zwischen 0,70 und 1,00 € kosten, schmecken auch unglaublich gut – Suchtgefahr! Nicht zuletzt ein heißer Tipp, wenn man gerade das Boot Richtung Venedig verpasst hat und die Zeit an der Bootsanlegestelle irgendwie totschlagen muss.

Rizzo

Gran Viale Santa Maria Elisabetta 18

In dieser Filiale des bereits 1890 gegründeten Familienbetriebs an der Ecke Gran Viale / Via Lepanto kann man sich mit den feinsten Delikatessen und Weinen eindecken, aber auch nur seinen Morgenkaffee mit einem warmen Brioche an der Bar einnehmen und dem neuesten Tratsch der Einheimischen lauschen, bis das kraftspendende, hier mit äußerster Sorgfalt zubereitete braune Elixier in den winzigen Tassen die müden Knochen wieder auf Vordermann gebracht hat.

Hier bekommt der hungrige Genießer von frühmorgens bis spätabends alles, was er braucht, um seine kulinarischen Geigen hoch zu stimmen. Feine Salumi-, Käse- und Antipasti-Auswahl. Aber auch ausgewählte Weine für jede Geldbörse warten hier in den Regalen. Vom Franciacorta bis zum Traminer aus dem Trentino reicht die dargebotene Palette.

Salumeria da Ciano

Gran Viale Santa Maria Elisabetta 47

Ein kleines Geschäft neueren Datums mit einer Vitrine vollgepackt mit verschiedenen Prosciutti in den unterschiedlichsten Reifegraden sowie feinen hausgemachten Antipasti. Probieren Sie die gebackenen Zucchiniblüten oder den exzellenten Baccalà. Im Getränkeregal findet sich der dazu passende, bereits vortemperierte Tropfen.

Magiche Voglie

Gran Viale Santa Maria Elisabetta 47g

Gleich rechts vom „Schinkenparadies" gibt es das beste Eis der Insel. Selbst gemachtes Eis am Stiel und kleine Eistörtchen warten neben einer Unzahl verschiedener Eissorten, die man in der Tüte oder im Becher auf dem Bankerl sitzend genießen kann, auf Eistiger. Unbedingt die tiefdunkle, üppige Sorte „Schokofondant" probieren.

1 Cimitero Israelitico

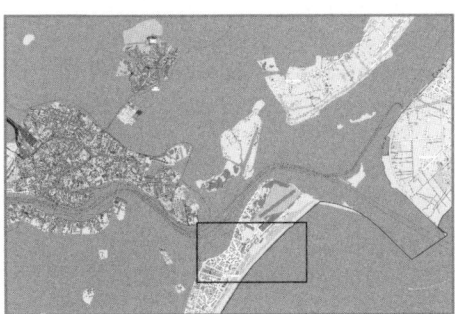

Hüter der jüdischen Totenstadt

Aldo Izzo

Der Cimitero Israelitico bei San Nicolò

Aldo Izzo begegne ich durch Zufall, als ich den jüdischen Friedhof auf dem Lido besuche, der sich in der Nähe des Klosters San Nicolò befindet. Am Eingang zum weitläufigen Friedhofsareal werde ich sogleich vom übereifrigen Friedhofswärter in Empfang genommen, der am Eingang gerade mit dem Besen zugange ist und mich über die Verhaltensregeln auf dem Gelände aufklärt.

Mit einer geliehenen Kippa bedecke ich mein bares Haupt, und angesichts der umgehängten Kamera werde ich noch einmal mit strengem Blick auf das Fotografierverbot, das innerhalb der Friedhofsmauern herrscht, hingewiesen. Fotografieren sei nur mit einer schriftlichen Erlaubnis der jüdischen Gemeinde Venedigs erlaubt. Wer für die Ausstellung der Erlaubnis zuständig ist, wisse er leider nicht. Eine Führung über den Friedhof könne man im Ghetto buchen. Er rattert seine Direktiven wie auswendig gelernt in einem monotonen Singsang herunter, bevor er sich wieder seiner Arbeit widmet und sein Kehrgerät eifrig schwingt.

Ich beschließe, den Cimitero Israelitico vorerst auf eigene Faust zu erkunden, muss aber laut Anweisung meine Kamera unter der Jacke tragen, um nur ja nicht in Versuchung zu geraten. Der Großteil der Grabreihen liegt im Schatten der Zypressen. Eine üppig wuchernde Vegetation überzieht alte verwitterte Grabsteine, auf denen die hebräischen Schriftzeichen teilweise nicht mehr entzifferbar sind. Palmen, die sonst an keiner anderen Stelle des Lidos wachsen und nur auf diesem Totenacker in größerer Anzahl stehen, sorgen für ein exotisches Flair. Prunkvolle Grabstätten neueren Datums weisen darauf hin, dass hier bis zum heutigen Tag jüdische Familien aus den verschiedensten Teilen Italiens ihre Toten bestatten.

Das Friedhofsgelände ist in zwei Teile geteilt. Der „Cimitero Ebraico" hat zwar viele Grabsteine vergangener Jahrhunderte vorzuweisen, wird aber nach wie vor mit neuen Gräbern belegt und ist für die Öffentlichkeit zugänglich, wohingegen der „Antico Cimitero Ebraico", der älteste Teil des Friedhofs, nur im Rahmen einer Führung besichtigt werden kann. Die beiden Friedhofsteile sind voneinander getrennt, dazwischen liegen der katholische und der anglikanische Friedhof.

Nachdem ich mir einen ersten Überblick über das Areal verschafft habe, verweile ich vor einzelnen Grabstätten, die besonders hervorstechen. Auf einigen Gräbern stehen windschiefe Grabsteine, an denen der Zahn der Zeit, in Form der salzigen Meeresluft, bereits deutlich genagt hat. Andere Grabstätten stammen wiederum aus den letzten Jahren und sind mit Steinen der Besucher belegt, mit denen der Verblichenen gedacht wird.

Ich betrachte gerade den massiven Grabstein eines Mannes, der 1899 in Venedig geboren wurde und 1980 in New York verstarb, als mir der zuerst so unwirsch wirkende Friedhofswärter auf die Schulter tippt und mich dabei fast zu Tode erschreckt. Ich habe ihn überhaupt nicht kommen hören. Mein Erschrecken entlockt ihm zwar kein Schmunzeln. Ich kann aber in seinen Augen erkennen, dass er sich darüber innerlich bestens amüsiert.

Mit ausgestrecktem Arm deutet er auf eine Grabreihe, wo gerade ein groß gewachsener, hagerer Mann steht, der, ein paar Grabreihen von uns entfernt, leise in sein *telefonino* spricht. Das sei Signor Izzo, der für die Führungen auf dem Friedhof zuständig sei. Der Friedhofswärter stellt mich sogleich dem älteren Herrn vor, nachdem dieser sein Telefonat beendet hat.

Der Preis für eine Führung betrage einheitlich 150 Euro, egal ob die Gruppe aus fünfzehn oder nur aus einer Person bestehe, meint Herr Izzo einleitend, nachdem er mich zum Gruß mit einem Kopfnicken bedacht hat. Er mustert mich mit kritischem Blick. Das Geld sei einzig und allein für die jüdische Gemeinde Venedigs, die immer kleiner werde und dementsprechend in den letzten Jahren über immer weniger Einkünfte verfügen könne, meint er erklärend. Meine Miene spricht wahrscheinlich Bände.

Da dieser Preis bei Weitem mein Budget übersteigt, schlägt er mir vor, er würde sich bei mir melden, wenn er in den nächsten Tagen eine Gruppe über den Friedhof zu führen hätte, der ich mich dann anschließen könne.

Der Friedhofswärter hat uns wieder allein gelassen und Signor Izzo, der mich noch immer kritisch aus den Augenwinkeln mustert, lädt mich mit einer Armbewegung ein, ihm zu folgen. Seine dunklen Augen blitzen unter seiner steilen Stirnfalte und seinen dichten Augenbrauen. Trotz seines Alters wirkt er jugendlich und voller Elan, nur das Gehör macht nicht mehr ganz so mit wie es sollte, denn er hält sich, wenn ich spreche, die Hand wie einen Trichter über die Ohrmuschel, um mich besser zu verstehen, und er blickt auf meine Lippen, wenn ich zu leise spreche.

Wir spazieren durch die Grabreihen und ich bekomme eine kleine private Geschichtsstunde über die hochinteressante und abenteuerliche Geschichte der Begräbnisstätte auf dem Lido. Aber Signor Izzo ist auch neugierig auf meine Arbeit, die mich nach Venedig geführt hat, und binnen kürzester Zeit sind wir, alles um uns vergessend, in ein Gespräch über die Geschichte der Juden in Venedig vertieft, während wir Seite an Seite eine Runde über das Friedhofsgelände drehen.

Es imponiere ihm, dass ich das Fotografierverbot nicht umgehe, sagt er, ohne mich dabei anzusehen. Hat er mich schon länger beobachtet? Ich scheine ihm jedenfalls sympathisch bzw. vertrauenswürdig zu sein. Denn nach den anfänglichen misstrauischen Blicken erzählt er mir auch aus seinem abenteuerreichen Leben als Marinekapitän, von seinem Vater, einem erfolgreichen Schriftsteller, und von seiner Kindheit in Venedig während des Zweiten Weltkriegs. Sein „Curriculum Vitae" klingt genauso spannend wie die Geschichte des Cimitero, und ich sauge jede seiner Anekdoten gierig in mich auf. Manche sind abenteuerlich, manche schrullig. Aber alle zeugen von einem abenteuerlichen Leben eines Weltenbummlers.

Unser Spaziergang ist leider viel zu schnell vorbei, der viel beschäftigte Signor Izzo muss bereits zu seinem nächsten Termin, der ihn in das Ghetto nach Venedig zurückführt. Wir schütteln uns die Hand, tauschen Telefonnummern aus, und er verspricht sich zu melden, sobald der Termin für die nächste Gruppenführung fixiert sei.

Cimitero Israelitico
Öffnungszeiten:
April bis September 9.30–12.30 und 15.00–18.30 Uhr
Oktober bis März 9.30–14.30 Uhr
Informationen zu Führungen am Antico Cimitero Israelitico:
Tel. +39 041 715359

Die Geschichte des jüdischen Friedhofs am Lido

Zwei Tage später sitze ich nachmittags im Arbeitszimmer von Aldo Izzo, der mich ganz überraschend zu sich in seine Wohnung auf dem Lido eingeladen hat. Wie es der Zufall so will, befindet sich mein Domizil zwei Gassen weiter, wo ich mit Blick auf den herbstlichen Lido an einem Skriptum arbeite.

Zusammen mit seiner Frau, die mich freundlich willkommen heißt und erfreut scheint über die Abwechslung, die mein Besuch mit sich bringt, bewohnt er das letzte Stockwerk eines unscheinbaren Hauses aus den 50er-Jahren. Wir begeben uns in sein Arbeitszimmer, das gleichzeitig Bibliothek ist. Signor Izzo thront hinter seinem großen Schreibtisch. Ich habe ihm gegenüber Platz genommen und betrachte mit unverhohlener Neugier die kostbare Bibliothek, die sich über die Jahrzehnte in diesen Regalen angesammelt hat. Das Zimmer liegt im Halbdunkel, nur die Schreibtischleuchte bringt etwas Licht in den mit Büchern und Artefakten aus den verschiedensten Ländern vollgestopften Raum. Unsere beiden Gesichter spiegeln sich in der glatt polierten schwarzen Arbeitsfläche des Schreibtisches, der mit Klavierlack überzogen ist. Hinter Signor Izzo hängt ein Ölgemälde seines Vaters, dessen Fachgebiet die

Der Eingang zum neuen Teil des jüdischen Friedhofs

nordamerikanische Literatur war und über die er international anerkannte Schriften veröffentlichte. Stolz zeigt mir Aldo Izzo eines der Bücher seines Vaters.

Seine Frau, die sich zuvorkommend um uns kümmert und immer wieder in das Arbeitszimmer kommt, um uns mit köstlichem koscheren Backwerk und gekühlten Getränken zu versorgen, ist anscheinend der gute Geist des Hauses. Die Gastfreundschaft und Höflichkeit der beiden alten Menschen rührt mich zutiefst.

Signor Izzo beginnt mit einer ausholenden Geste, die bewegende Geschichte des jüdischen Friedhofs auf dem Lido zu erzählen, die gleichzeitig die Geschichte der Juden in Venedig widerspiegelt. Ich lausche gebannt, da eine ausführliche Historie über den Cimitero in keiner Venedig-Chronik zu finden ist.

Im Jahre 452, als die Bewohner Aquileias vor den plündernden und brandschatzenden Horden Attilas auf die Inseln der Lagune flüchteten, waren vielleicht schon Juden unter ihnen. Historische Belege gebe es keine dafür. Genauso wenig wisse man bis heute, wo sich die ersten Juden in der Lagune ansiedelten. Signor Izzo glaubt nach wie vor, dass es sich dabei um die Giudecca handele, wobei diese Theorie von vielen Forschern angezweifelt wird. Izzo stützt sich bei seiner These auf einen Stein mit hebräischen Schriftzeichen, der auf der Giudecca gefunden wurde. Die Juden sollen zu dieser Zeit in Gruppen, aber nicht in einer zusammengefassten Gemeinde gelebt haben.

Im 10. Jahrhundert wurde ihnen die Schifffahrt verboten, und der amtierende Doge wollte die Juden zwangstaufen lassen. 1245 wurden die Juden aus Venedig nach Mestre vertrieben. Die jüdischen Familien mussten sich in kleinen Ruderbooten, die ihnen zugestanden wurden, durch Sturm und Unwetter auf das Festland retten.

In Mestre verblieben sie die nächsten 130 Jahre, bis sie wieder in die Stadt zurückgeholt wurden. Nach der Vertreibung der Genuesen, die drei Jahre lang Chioggia belagert hatten, waren die Staatskassen Venedigs leer. Man brauchte die Juden, die in das Bankgeschäft gezwungen worden waren, so Izzo, da Katholiken laut Dekret des Papstes keine Bankgeschäfte durchführen durften. Ab 1384 hatten die Juden also wieder einen festen Platz in der Gemeinde von Venedig, und ab diesem Zeitpunkt bestand auch die Notwendigkeit, einen Platz für die Beerdigung ihrer Toten zu finden. Die Stadt wies ihnen einen Platz auf dem Lido zu, der damals, bis auf das Kloster San Nicolò, völlig unbebaut und verwildert war.

Die Benediktinermönche von San Nicolò waren darüber keineswegs erfreut und taten alles Menschenmögliche, um das Vorhaben zu verhindern. Nach einem Hickhack, der sich über zwei Jahre hinzog, wurde der Einspruch der Ordensbrüder abgewiesen, und am 25. September 1386 unterschrieb man den Kontrakt zu Errichtung des Friedhofs. Aus dem Jahre 1389 datiert der älteste erhaltene Grabstein, auf dem der Name eines gewissen Samuel ben Shimson eingemeißelt ist.

Bedürftige wurden von den benachbarten Benediktinermönchen von San Nicolò mit Gratismahlzeiten versorgt, im Gegenzug stachelten die Mönche die hier Verköstigten auf, Vandalismusakte auf dem Friedhof zu begehen. Grabsteine wurden umgestürzt oder zerstört, Gebeine von Toten ausgegraben und über den Friedhof verstreut. Als die Anzahl der Friedhofsschändungen immer mehr anstieg, genehmigte die Stadt den Juden endlich eine Umzäunung des Areals, dessen damalige Fläche siebenmal so groß war wie der heutige Friedhof. Die Mönche von San Nicolò wurden von der Stadt Venedig zum Ruhighalten gemahnt. Zähneknirschend mussten sie sich fügen.

Doch es sollte auch in den nächsten Jahrhunderten kein Frieden auf diesem Stück Land einkehren. (Das damalige Grundstück ist übrigens nicht ident mit dem, worauf der heutige Friedhof steht.) In Kriegszeiten wurden über die Jahrhunderte hinweg immer wieder Grabsteine entfernt, die dem Bau von Befestigungsanlagen dienten. Viele Gräber konnten daher schon damals nicht mehr eindeutig zugeordnet werden. Eine besondere Demütigung für die Juden, deren Gräber nach ihrem Glauben immerwährend sind.

Aber nicht nur Kriege, auch Überschwemmungen beförderten die Bestatteten wieder an die Oberfläche und sorgten für verwüstete Gräber. 1774 fand die letzte Bestattung auf dem alten Friedhof statt, im selben Jahr wurde der neue Teil des Friedhofs, der sich weiter landeinwärts befand, in Betrieb genommen. Unter Napoleon gab es schließlich die schlimmsten Verwüstungen, die dem Friedhof widerfuhren. Die meisten der Grabsteine wurden erneut für Verteidigungsanlagen missbraucht, und als Napoleon Venedig verließ, waren auch die Reste des Friedhofs verwüstet. Der verlassene Friedhof verwilderte in den nächsten Jahrzehnten und wurde erst im Zeitalter der Romantik wiederentdeckt. Dichter wie Percy Shelley, Giovanni Prati, Lord Byron, aber auch Goethe besuchten den verwunschenen Ort vor den Toren der Stadt.

Auch amouröse Abenteuer sollen sich hier zugetragen haben. Giovanni Prati hat die Liebschaft einer verheirateten Frau, die ihren Galan auf dem Friedhof trifft, während die Kinder

Der „Antico Cimitero" oder das Friedhofsmuseum

in den Dünen des Lidos spielen, in einem Gedicht festgehalten. Die Geschichte fußt angeblich auf wahren Begebenheiten und sorgte in der feinen Gesellschaft Venedigs für einen kleinen Skandal.

Anfang des 20. Jahrhunderts begann man sich für den Lido als Ferien- und Erholungsort zu interessieren. 1903 wurde das Grand Hotel Excelsior errichtet, 1909 eröffnete das Grand Hotel des Bains. Im Zuge dieses Aufschwungs wurde auch der jüdische Friedhof „wiederentdeckt" und das verwahrloste Gelände wurde für Besucher begehbar gemacht. Man begann, das Gelände wieder begehbar zu machen.

Aber auch im 20. Jahrhundert kam der Friedhof nicht zur Ruhe. So musste die Umfriedung um 17 Meter zurückversetzt werden, da der Stadtgemeinde die Ausdehnung des Friedhofsareals zu groß erschien. Man errichtete einen Schießstand nebenan – mit Ausrichtung auf den Friedhof. In den Erdwällen der Schießanlage fanden etliche Grabsteine als Zielscheibe eine letzte Verwendung. 1916 eignete sich die katholische Kirchengemeinde die Fläche zwischen dem alten und neuen Teil an und errichtete dort ihren Friedhof, der bis heute das historische Gelände des jüdischen Friedhofs zweiteilt.

Im Jahre 1993 nahm sich dann Signor Aldo Izzo der Erhaltung dieser geschichtsträchtigen Stätte an und begann, in mühevoller Kleinarbeit die Grabstätten wiederherzustellen und die zerschossenen Grabsteine den ursprünglichen Grabstellen zuzuordnen. In vielen Fällen war das leider nicht mehr möglich.

Eigentlich sei nur der neue Teil ein richtiger Friedhof, meint Izzo abschließend. Hier konnten alle Grabsteine den Gebeinen der Verblichenen in einem zeitaufwendigen Prozedere zugeordnet werden. Dabei wurden auch 139 Grabsteine restauriert.

Der alte Teil sei schön anzusehen. Es handele es sich aber streng genommen nur um ein Friedhofsmuseum, da trotz intensiver Bemühungen keine Verbindung mehr zwischen den Grabsteinen und den Gebeinen der hier Bestatteten hätte hergestellt werden können.

Kapitän Izzo

Als mein Wissensdurst über die Geschichte des Cimitero Ebraico ausreichend gestillt ist und Aldo Izzo all meine Fragen ausführlich beantwortet hat, ist der eigentliche Teil des Gesprächs beendet. Der berührendste Teil seiner Erzählungen ist aber dann für mich die Geschichte seines ereignisreichen Lebens, aus dem er einige wichtige Stationen preisgibt, während wir uns an den köstlichen Naschereien gütlich tun, die uns seine Frau immer wieder auf Riesentabletts serviert.

Aus einer kleinen Schachtel zieht er einen Stoß uralter, vergilbter Familienfotos hervor. Zu jedem hat er eine besondere Geschichte zu erzählen. 1930 kam er als erstes von drei Kindern zur Welt. Er erzählt von seinem Bruder, der Schriftsteller wurde und in Rom lebt, und von seiner Schwester, die bereits im Alter von drei Jahren an einer Krankheit verstarb.

Ich lausche den farbig geschilderten Anekdoten aus seiner Kindheit in Venedig. Erfahre von dem bei San Felice gelegenen Haus der beiden Damen, in dem sich seine Familie zwei Jahre vor den Nazis versteckte, um der Deportierung zu entgehen. Besonders ist ihm aus dieser Zeit in Erinnerung geblieben, dass er und sein Bruder immer auf allen vieren unter den Fenstern durchrobben mussten, um nur ja nicht von

Signor Izzo in seinem Arbeitszimmer

neugierigen Nachbarn entdeckt zu werden. Daraus resultierte auch sein Drang, aus der Enge Venedigs auszubrechen und die weite Welt zu sehen.

Aus einer Akademikerfamilie stammend – seine Eltern waren beide Lehrer –, besuchte er in Livorno und Venedig die nautische Schule und steuerte bereits mit 27 Jahren, als einer der jüngsten Kapitäne Italiens, riesige Handelsschiffe durch die Weltmeere. Oftmals musste er über seinen Glauben und seine Abstammung Stillschweigen bewahren, um seinen beruflichen Weg nicht zu gefährden.

Der Karibik galt bei diesen monatelangen Reisen seine besondere Liebe. Aber auch die nordischen Länder zogen ihn in ihren Bann, da er einen Teil seiner Kindheit in Kopenhagen verbrachte, wo sein Vater unterrichtete, bis die Familie aufgrund der Rassengesetze wieder nach Venedig zurückkehren musste.

Bis 1982 steuerte er Schiffe um die ganze Welt. Als sich der Kapitänsberuf im Wandel der Zeit stark zu verändern begann (früher dauerte ein Hafenaufenthalt 15 Tage, heute nur mehr 15 Stunden), ließ er sich in Venedig nieder und trug sich dort in die Liste der jüdischen Gemeinde ein, für die er bis zum heutigen Tag tätig ist.

Der junge Capitan Izzo

Drei erwachsene Kinder hat Signor Izzo, deren Foto er mir voller Stolz zeigt. Zwei leben in München, eines in Padua. Obwohl böse Zungen behaupten, sein viertes Kind sei der Friedhof auf dem Lido, um den er sich in seinem Ruhestand so aufopfernd kümmert. Seine Frau könne ein Lied davon singen, meint er lächelnd.

ARTISCHOCKEN AUF JÜDISCHE ART

Ursprünglich aus dem jüdischen Rom stammend, ist dieses köstliche Gericht auch auf venezianischen Speisekarten außerhalb des Ghettos zu finden, fanden doch Artischocken und Melanzani über die jüdische Küche ihre Verbreitung in Europa.

Zutaten für 2 Personen

6 junge Artischocken (an denen sich
    noch kein Heu gebildet hat)
Saft von 2 Zitronen
1 l Wasser
100 ml feinstes natives Olivenöl
3 EL Petersilie und 1 EL Basilikum, fein gehackt
5 Knoblauchzehen, fein gehackt
Fleur de Sel
Schwarzer Pfeffer, frisch gemahlen
(Matzen-)Mehl
Olivenöl zum Braten

Zubereitung

Den Zitronensaft mit dem Wasser in einer Schüssel vermengen. Die Artischocken vorsichtig von harten Blättern befreien. Gegebenenfalls die Spitzen mit einer Küchenschere abschneiden. Die Stängel auf ca. 5 cm kürzen. In das Zitronenwasser legen, damit sich die Artischocken nicht verfärben.

Das native Olivenöl mit der gehackten Petersilie, Basilikum und dem Knoblauch vermischen. Nach Geschmack salzen und pfeffern. Die Artischocken trockentupfen, am Stängel nehmen und auf die Arbeitsplatte schlagen, um die Blätter auseinanderzudrücken. Die Öl-Kräuter-Mischung mit einem Löffel zwischen die auseinandergedrückten Blätter der Artischocken vorsichtig einfüllen und in (Matzen-)Mehl wenden.

Eine Bratpfanne mit ca. 5 mm Olivenöl bedecken und bei kleiner bis mittlerer Hitze die Artischocken ca. 25 Min. (abhängig von der Größe) braten, bis sie eine goldene Farbe angenommen haben und weich sind. Abtropfen lassen, mit der restlichen Öl-Kräuter-Mischung beträufeln und servieren.

Passt hervorragend als Beilage zu gegrilltem Fisch.

Weinempfehlung: „Vecchie Scuole", Sauvignon Blanc delle Venezie IGT, Terrossa di Roncà bei Verona

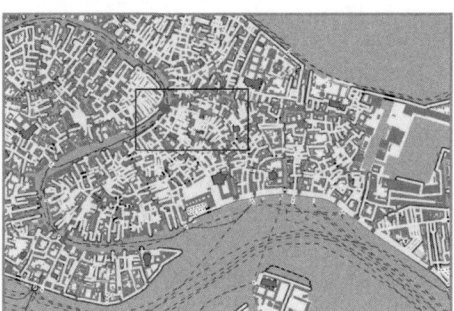

1 Trattoria Antico Calice

Vom Fass zum alten Krug

Eine Institution zieht um

Erinnerung an einen quirligen Mikrokosmos

Zu diesem Lokal und seiner Mannschaft habe ich ein ganz besonderes Verhältnis, viele einzigartige Venedig-Erinnerungen verbinden mich mit dieser Trattoria. Der Ursprung des Antico Calice, das auf einer stark frequentierten Route im Sestiere San Marco in der Calle degli Stagneri liegt, war eigentlich die Osteria Ae Botti ein paar Gassen weiter, gut versteckt hinter dem Campo San Bartolomeo.

In besagter Osteria verbrachte ich viele Stunden, lernte die stets emsig arbeitende Mannschaft kennen, die schon mal die Bude dichtmachte, um geschlossen ihrem Lieblingsfußballverein aus Mailand in lautstarken Fanchören zu huldigen und dann am nächsten Tag etwas zerknittert und mit heiserer Stimme wieder hinter dem Tresen zu stehen.

Hier bekam ich manche Schrullen der Stammgäste mit, lernte viele neue Leute aus den verschiedensten Teilen Italiens und auch aus der ganzen Welt kennen und war involviert in den eigenwilligen Tagesablauf dieses venezianischen Kleinods. Anfangs wurde ich noch etwas argwöhnisch beäugt, aber nach und nach gewöhnte man sich an mich, den ausländischen Schreiberling. Schließlich war ich auch unter den Stammgästen akzeptiert und wurde oftmals mit Namen gegrüßt. Hier fühlte ich mich wohl, da ich ungestört in meinem Notizbüchlein herumkritzeln oder einfach Löcher in die Luft starren konnte.

Wenn mir danach war, war es ein Leichtes, neue Leute kennenzulernen. Außerdem gab es gratis oft noch „großes Kino" zu sehen, wenn zu fortgeschrittener Stunde, lange nach der offiziellen Sperrstunde, die Läden und Fenster geschlossen, die Gemüter erhitzt, die Diskussionen und Streitgespräche der Gäste in die abwegigsten und philosophischsten Tiefen drifteten.

Vom pensionierten Fischer, den seine Kollegen auf das vor der Bar als Glasablage dienende namensgebende Fass hievten, um seine altersschwachen Füße zu entlasten, bis zum Bankdirektor, der im feinen Zwirn und mit nach hinten geklappter Seidenkrawatte die dickwürfelige Mortadella – die, auf Zahnstocher aufgespießt, zu den Spezialitäten des Lokals zählte – zwischen zwei Schlucken Spritz in seinen Mund verfrachtete, waren Männer und Frauen aus sämtlichen Berufen und über den ganzen Tag hinweg verteilt anzutreffen. Ein Bild für sich war die immer mittags geschlossen auftretende Damenfriseur-Mannschaft, die pink gewandet und in weißen Slippern ihre *ombre* und in Servietten gewickelte Polpette wild durcheinander plaudernd zu sich nahmen. Neben den üblichen Köstlichkeiten des venezianischen Bacaro-Fingerfoods konnte man auch in der angrenzenden kleinen Sala, die warmen, traditionell zubereiteten Tagesgerichte, die vor allem fischorientiert waren, bei einem Krug Wein genießen.

Im Sommer spielte sich der Großteil des Geschehens vor dem Lokal in der engen Calle della Bissa ab – je später der Abend, desto jünger wurde das Publikum. Wer hier verkehrte, war binnen Minuten in ein Gespräch verwickelt. Hier herrschte ein stetes Kommen und Gehen, die Musik wurde dem Publikum entsprechend angepasst.

Untertags lief meistens Radio, nachmittags wurde ich öfter Zeuge von „A-cappella-Gesangsdarbietungen" einiger

Klassische Lagunenküche im Antico Calice

sangesfroher Stammgäste. Am Abend gab es dann klassischen Hardrock oder Housemusic, je nachdem, wer von dem seit Jahren stets gleich gebliebenen Team Dienst versah. Und wenn die Türen nach offizieller Sperrstunde verschlossen wurden, dann ging im Ae Botti richtig die Post ab.

Aufgrund von Anrainerbeschwerden verlegte man sich schließlich nur mehr auf Tischreservierungen und musste das zahlreiche Publikum, das an der Bar vorzufinden war, wohl oder übel wegschicken. Somit war es von einem auf den anderen Tag mit einer der buntesten Treffpunkte der Venezianer vorbei, der zwar unmittelbar an einer der meistbesuchten Sehenswürdigkeiten der Stadt, der Rialto-Brücke, lag, wegen seiner Lage von Touristen aber nur zufällig besucht wurde. Die wenigen Venedig-Besucher, die diese Bar entdeckten, kamen dafür immer wieder.

Antico Calice – der alte Kelch

Es war dieses einzigartige Lokal und der bunte Gästemix aus verschiedenen sozialen Schichten, die mich zu meinem Lokal in Wien inspirierten, das ich mittlerweile seit zehn Jahren betreibe. Umso größer war die Überraschung, als ich bei einem meiner letzten Venedig-Besuche in der schmalen Calle della Bissa vor den verschlossenen Türen meines Lieblingslokals stand. Als ich mit ratlosem Blick auf die versperrten Läden starrte und mich etwas wehmütig umblickte, sprach mich der Inhaber des vis-à-vis gelegenen Geschäftes an und fragte mich im tiefsten Veneziano, ob ich das Ae Botti suche. Ich dürfte also nicht der Erste gewesen sein, der hier an dieser Ecke dumm und enttäuscht aus der Wäsche schaute. Er erklärte mir, dass das Lokal samt Mannschaft in die Calle degli Stagneri weitergezogen sei und nun Antico Calice hieße.

Die neue Lokalität wird von den ehemaligen Ae-Botti-Managern Cristiano und (San) Marco weiterhin rührig betrieben. Die aktuelle Adresse ist lokalhistorisch aufgeladen, beherbergte sie doch einst eine der ersten Weinbars der Stadt, deren Ursprünge man auf die Zeit um 1600 zurückführt. Hier wird auch einer der Ursprünge des venezianischen Brauchs, zur *ombra* kleine Häppchen, *cicchetti*, zu reichen, ausgemacht. Hier befand sich also eines der dienstältesten Bacari der Stadt. Man rühmt sich darüber hinaus der Erfindung des Spritz durch einen gewissen Prof. Marsich in Form einer Soave-Soda-Mischung.

Als Erstes sticht der weitläufige Gastraum und die Einrichtung ins Auge, die ganz ohne Firlefanz auskommt und jener des Ae Botti sehr ähnelt. Auf der Karte finden sich die Klassiker der venezianischen Fischküche in ausgezeichneter Qualität zu fairen Preisen. Empfehlenswert ist die hausgemachte Pasta mit Cape-Sante-Muscheln oder die Bigoi in Salsa, das ursprünglichste der venezianischen Pasta-Gerichte mit Zwiebeln und Sardellen. Bei den Secondi, bei denen es sich bis auf das gegrillte Bistecca und die Fegato alla Veneziana ausschließlich um Fischgerichte handelt, sei hier die schmackhafte Dreiervariation vom Baccalà und der in eigener Tinte geschmorte Tintenfisch empfohlen. Gerne kann man sich auch einen fangfrischen Fisch aus dem Tagesangebot im Ganzen zubereiten lassen. Bei den Desserts sollte man beim Misto di Biscotti con Fragolino zulangen. Wer dann noch Platz hat, der kann sich an der Schokoladesalami, dem Apfel-Birnen-Strudel oder an einer der hausgemachten Torten vergreifen.

Das Service ist auch bei gefülltem Haus (und das ist fast jeden Abend so) effizient und flink und erteilt gerne Auskünfte über die Zubereitung der einzelnen Gerichte. Wein kann man offen oder aus der Weinkarte, die sich überwiegend aus Anbietern des nördlichen Italiens zusammensetzt, wählen. Bei den beiden offenen (wohlfeilen) Hausweinen handelt es sich um einen Tocai (Friulano) bzw. um einen Cabernet Sauvignon.

Cristiano und Marco können das Niveau in ihrer neuen Wirkungsstätte locker halten. Die vielen Besucher, bei denen es sich nach wie vor überwiegend um Einheimische und etliche Gäste, die man bereits aus den Ae-Botti-Tagen noch kennt, handelt, belegen dies eindeutig. Die Touristendichte ist natürlich aufgrund der Lage höher als in der Vorgängerlokalität, aber in einem erträglichen Bereich, da das Lokal wegen seiner Beständigkeit nach wie vor als Geheimtipp gehandelt wird.

Im Antico Calice wird nicht das Rad neu erfunden, und wer sich großartige gastronomische Höhenflüge erwartet, ist hier an der falschen Adresse. Wer aber die urtümliche venezianische Bacaro-Küche, die hier vor allem auf Fischspezialitäten ausgerichtet ist, in ihrer ganzen Deftigkeit liebt, dem sei ein Besuch wärmstens empfohlen. Mittags finden sich hier an manchen Tagen die Gondolieri Venedigs zum gemeinsamen Mittagsmahl ein, und mit etwas Glück bekommt man ein paar Gesangseinlagen der sangesfreudigen Ruderbarden, mit leicht abgewandelten, schlüpfrigen Texten, zu hören ...

Untertags empfiehlt sich ein eher später Besuch, wenn das arbeitende Volk mit dem Mittagstisch fertig ist, abends sollte man tunlichst reservieren, um ein Plätzchen zu ergattern.

Trattoria Antico Calice
Calle degli Stagneri, San Marco 5228
Tel. +39 041 5209775
www.anticocalice.it

Venedig-Tipps

Pantagruelica

Campo San Barnaba, Dorsoduro 2844, Tel. +39 041 5236766
Um eine Delikatessenhandlung mit erlesenem Sortiment handelt es sich hier bei diesem alteingesessenen Geschäft direkt auf dem Campo San Barnaba. Inhaber Toni Sepeda handelt hier schon seit vielen Jahren mit feinsten Wurst- und erlesenen Käsespezialitäten. Exzeptionelles, sehr individuelles Weinsortiment für jede Geldbörse. Exzellentes, immer freundliches Service und ausgezeichnete Beratung. Tipp: Pinot Noir vom Weingut Serafini & Vidotto aus Nervesa della Battaglia.

Artigiano Mario Gabbiato

Campo San Tomà, San Polo 2810, Tel. +39 041 5206362
Unweit der Scuola Grande di San Rocco gibt es wundervolle Rahmen, Spiegel, Drucke und Poster in der klitzekleinen Werkstatt des charismatischen Signor Gabbiato zu erstehen. Der Inhaber, der hier auf kleinstem Raum mit Arbeitsschürze und hochgekrempelten Hemdsärmeln an seiner Werkbank tätig ist, führt ein exklusives Sortiment von Venedig-Postern aus den 30er-, 40er- und 50er-Jahren, für deren Druck er selbst verantwortlich ist. Auch Repliken von alten Stichen und Venedig-Karten finden sich in den übervollen Regalen. Die Qualität ist ausgezeichnet, die Preise verblüffend niedrig. Witziges

Signor Sepeda in seinem Delikatessenparadies Pantagruelica

Mitbringsel: ein originelles Balsaholz-Modell einer Gondel zum Zusammenstecken.

Acqua & Mais di Alvise Tiozzo
Campiello dei Meloni, San Polo 1411, Tel. +39 041 2960530
Für einen witzigen Snack zwischendurch empfiehlt sich der Imbissstand Acqua & Mais unweit von Rialto. Hier gibt es weder Pizza noch Döner, dafür bekommt man hier Frittura Mista (frittierte Meeresfrüchte) auf heißer Polenta im essbaren Stanitzel serviert. Super Idee! Eine Portion ersetzt ein Mittagsmahl.

Osteria ae Botti
Sant'Eufemia 609, Giudecca. Tel. +39 041 7241086
Wenn man die Giudecca besucht, führt kein Weg an diesem klassischen Bacaro vorbei. Panini mit Roastbeef und schmackhafter Salami belegt, Reisbällchen, Polpette, Baccalà und eine kleine Auswahl offener Weine. Alles, was das Herz begehrt. Mit Aussicht auf die Zattere kann man die kleinen Leckerbissen, auf einem der Fässer vor dem Lokal sitzend, mit einem guten Schluck Friulano genießen. Das Panorama ist unbezahlbar.

Bentigodi – Osteria di Chef Domenico

Calesele, Cannareggio 1423, Tel. +39 041 8223714

www.bentigodi.com

In der Nähe des Ghettos befindet sich das in einer Sackgasse liegende Bentigodi, wo man kreative venezianische Osteria-Küche auf der Karte findet. Überzeugende Weinauswahl und mit Herz zubereitete Schmankerl. Mittags immer voll. Abends auf jeden Fall reservieren.

Pasticceria Nobile

Strada Nova, Cannaregio 1818, Tel. +39 041 720731

www.pasticcerianobile.it

Hier kehrt man ein, um einen schnellen Espresso im Stehen zu sich zu nehmen oder um die sündhaft guten Süßigkeiten, die einem hier aus der Theke verführerisch entgegenlächeln, in großem Ausmaß zu erstehen. Eine Kombination aus beidem ist empfehlenswert. Süßes aus eigener Produktion, wie die auf der Zunge schmelzende edle Schokosalami, der üppig mit Kakaopulver bestäubte Trüffelspitz oder die glasierten vanilligen Maronen lassen einem schon beim Gustieren das Wasser im Munde zusammenfließen.

Gran Caffè Chioggia

Piazzetta San Marco 8/12, San Marco

Es muss nicht immer das Quadri oder das Florian sein, wenn man sich der abendlichen Dekadenz auf einem der schönsten Plätze der Welt (wenn nicht gar dem allerschönsten) hingibt und nach Sonnenuntergang den Tag bei Kaffeehaus-Orchestermusik und einem stilvollen Drink ausklingen lässt. Gleich um die Ecke im Schatten des Campanile befindet sich das altehrwürdige Gran Caffè Chioggia, das zum Verweilen einlädt. Die versierte Hausband lädt bei Jazz-Standards zum Mitswingen ein. Bei einem Fläschchen eisgekühlten Bellini und einer Aussicht über den abendlichen Bacino San Marco, auf dem sich die Lichter der Boote vorbeischieben, und die stimmungsvoll beleuchtete Fassade von San Giorgio Maggiore im Hintergrund, kann man hier zwischen bunt durcheinandergewürfeltem Volk den Tag Revue passieren lassen. Auch einige Venezianer, die die Piazza San Marco untertags meiden, trifft man hier an. Urlaubsbeschwingte Gefühlsausbrüche reiferer Paare, die in improvisierte Tanzeinlagen münden, sind im Preis inbegriffen!

Istituto Venezia

Campo Santa Margherita, Dorsoduro 3116a
Tel. +39 041 522 43 31, www.istitutovenezia.com
In Venedig und in Triest betreibt Massimo Brunzin – der gebürtige Venezianer ist mit einer Deutschen verheiratet – sein Sprach- und Kulturinstitut. Vom Kochseminar bis zum maßgeschneiderten Intensiv-Sprachkurs kann man im Istituto Venezia alles buchen. Ein hochprofessionelles, eingespieltes Team geht auf die Wünsche der Sprachschüler ein. Langzeitquartiere und viele nützliche Tipps zum (Über-)Leben

Massimo Brunzin, engagierter Direktor des Istituto Venezia

in Venedig bekommt man vom sympathischen Massimo und seinem Team gratis dazu.

Der umtriebige Massimo baut in seiner spärlichen Freizeit alte venezianische Segelboote, wenn er nicht gerade bei Demonstrationen gegen die Umweltverschmutzung im Canal Grande schwimmend zum Wohl seiner Stadt und seiner Kinder protestiert. Als Sommerbonus ist für Kursbesucher des Istituto die Nutzung des eigenen Privatstrandes am Lido im Preis inbegriffen.

Venice Houseboats
www.venicehouseboats.com
Wer die Lagune einmal mit dem Hausboot erkunden will, der kann sich unter obiger Adresse mit einem adäquat für dieses Vorhaben ausgestatteten Boot versorgen. Bootsführerschein ist nicht notwendig. Die Handhabung kindereinfach. Die Boote sind nett eingerichtet, inklusive Bad und WC, und durch wenig Tiefgang speziell für die seichten Stellen der Lagune konzipiert. Venedig einmal anders erleben.

Romantik und Kulinarik am Abend

Bacari und Osterien mit einem ausgezeichneten und hochqualitativen Angebot gibt es in Venedig unzählige. Ganze Bücher wurden bereits zu diesem Thema verfasst, und jeder Venedig-Kenner hat hier seinen eigenen Geheimtipp. Restaurants mit gehobener venezianischer Küche und adäquatem Service sind in der Stadt leider rar gesät.

Nachfolgend finden sich zwei kulinarische Top-Adressen, die ich seit vielen Jahren immer wieder gerne besuche und guten Gewissens für einen romantischen Abend empfehlen kann.

Romantisches Dinner für zwei im Stil der 40er:
Ristorante ai Gondolieri

Dorsoduro 366, Tel. +39 041 5286396
www.aigondolieri.com

Das seit 1987 vom rührigen Patrone Giovanni Trevisan ge-
führte, im Stile der 40er-Jahre eingerichtete, von außen so un-
scheinbare Ai Gondolieri, dessen Name auch nicht gerade darauf schließen lässt, dass sich hinter seinen Türen einer der
beständigsten klassischen Gourmettempel Venedigs befindet,
zählt zu den besten Adressen der Stadt.

Das Degustationsmenü, das für € 65,00 ab zwei Personen
aufwärts serviert wird, beinhaltet sowohl Klassiker der venezianischen Küche als auch Eigenkreationen, die hier vom
gut aufeinander eingespielten, erstklassigen Serviceteam auf
höchstem Niveau serviert werden.

Die Weinkarte beinhaltet überwiegend Weine aus dem Veneto und Friaul, aber auch die Spitzengewächse der Toskana
und des Piemont sind vertreten. Das Weinservice ist erstklas-
sig: Der mit flinken Fingern vorgeführte Kreuzschnitt, mit
dem die Weinkapsel durchschnitten, der Kork durch selbige
durchgestoßen und mit dem letzten Stück, der nicht vollstän-
dig abgelösten Kapselspitze, noch immer an der Flasche hängend, dem Gast präsentiert wird, verblüfft immer wieder aufs
Neue. Neben Gourmets, Geschäftsleuten und betuchteren italienischen Familien finden sich natürlich auch Touristen ein,
die hierher empfohlen wurden.

Im Ai Gondolieri serviert man auch einige Klassiker der
lokalen Küche, wie das Nervetti-Risotto (Wirbelfleisch), die
sonst fast nirgends mehr auf einer Speisekarte zu finden sind.
Die gebackenen Zucchiniblüten sind der gelungene Start für
einen kulinarischen Reigen venezianischer Spezialitäten, die
hier ohne viel Schnickschnack, aber dafür mit äußerster Sorgfalt und nur mit den besten Zutaten zubereitet werden. Der in

Refosco geschmorte Kalbsbraten ist butterweich und zergeht auf der Zunge. Wer es bis zum Dessert geschafft hat, bekommt zum *caffè* noch ein paar hausgemachte Naschereien gereicht. Auch die Auswahl der Destillate und verschiedenen Grappe braucht keinen Vergleich zu scheuen.

In Schale werfen, das Degustationsmenü für zwei bestellen und einen romantischen Abend verbringen, wie man ihn nur in Venedig erleben kann! Wenn man mal etwas zu feiern hat, organisiert Ihnen das aufmerksame Serviceteam auf Wunsch auch eine Gondel, in der man dann stilgerecht durch die vom Mond beleuchteten, verwinkelten Kanäle in seine Bleibe heimwärts gerudert wird. Eine Flasche eisgekühlter Franciacorta und zwei Gläser sind dann das Tüpfelchen auf dem i, um die romantische Rückfahrt durch die dunklen Kanäle zu einem unvergesslichen Erlebnis zu machen.

Romantisches Dinner auf Venedigs schönster Terrasse: Ristorante Lineadombra
Dorsoduro 19, Tel. +39 041 2411881
www.ristorantelineadombra.com

Als das Lokal mit der zweifellos schönsten Terrasse der Stadt kann sich das Lineadombra rühmen. Zu finden ist diese exklusive Adresse auf den Zattere, ungefähr auf der Rückseite der Salute-Kirche. Das ansprechende Lokalinnere ist (wie schon der Name vermuten lässt) mit sehr geradlinigem und modernem Mobiliar ausgestattet, das gut in das alte Gemäuer integriert wurde und so den Spagat zwischen Tradition und Moderne mühelos schafft.

Die unmittelbar vor dem Lokal liegende Terrasse befindet sich über dem Wasser. Hier kann man einen unvergleichlichen 360°-Blick über die Lagunenstadt genießen, während man sich durch die verführerisch klingende Speisekarte und die umfangreiche Weinkarte arbeitet. Der Ausblick erstreckt sich von

der Punta della Dogana und dem dahinterliegenden Markusplatz bis zum am Horizont liegenden Lido. Auf der gegenüberliegenden Seite hat man die Isola San Giorgio Maggiore und
die Giudecca mit der beleuchteten Redentore-Kirche im direk-
ten Blickfeld. Der nie abzureißende Strom der Boote, Vaporetti und Gondeln zieht zum Greifen nah vorbei.

Küchentechnisch bekommt man vom fangfrischen Lagunenfisch, der vom Personal vor der Zubereitung (sehr empfehlenswert in der Salzkruste) auf Silberplatten vorgeführt wird,
bis zu Neuinterpretationen der venezianischen Küche nur das
Allerfeinste auf den Teller. Die zwischen hauchdünnen grünen Apfelscheiben zum Millefeuille gestapelten Gamberetti in
Saor sind ebenso köstlich wie der Tonno mit vier verschiedenen Parfums.

Die mehrfach von Fachzeitschriften prämierte Weinkarte
des Lineadombra gleicht einem Telefonbuch und enthält neben edlen Tropfen der bekanntesten Weingüter Italiens Spit-
zenweine aus aller Welt. Wer also unbedingt einen Riesling
aus der Wachau in Venedig schlürfen will, dem kann hier ge-
holfen werden. Lassen Sie sich vom Sommelier beraten, hier
findet man auch einige unbekanntere Tropfen, die einen Ver-
such wert sind.

Zum alljährlich im Juli stattfindenden Redentore-Fest sitzt
man quasi fußfrei direkt am Ort des Geschehens, wenn die
Zattere mit der Redentore-Kirche durch einen Pontonsteg ver-
bunden wird und spät abends ganz Venedig in einem Feuer-
werk erstrahlt. Seit vielen Jahren eine der führenden Adressen
der Stadt, sowohl in Bezug auf fangfrischen Lagunenfisch als
auch beim Weinangebot. In der Zeit der Filmfestspiele sitzt
man Rücken an Rücken mit Größen der Filmwelt. Es empfiehlt sich, zeitgerecht zu reservieren, um einen Tisch in der
ersten Reihe zu bekommen. Und wo anders als hier über dem
Wasser des Giudecca-Kanals gäbe es ein stimmigeres Ambiente für einen romantischen, überraschenden Heiratsantrag?

Avantgarde zwischen Kloster und Schiffswerft

San Servolo Jazz Meeting
www.teatrofondamentanuove.it

Alljährlich im November findet auf der ehemaligen Klosterinsel San Servolo zwischen San Marco und San Lazzaro degli
Armeni das kleine, aber umso feinere Festival „San Servolo Jazz
Meeting" statt. Die mutige Programmgestaltung, die zwischen
Modern Jazz, Avantgarde und Electronic angesiedelt ist, wird
von den Betreibern des Teatro Fondamenta Nuove, das sich
über die Jahre einen ausgezeichneten Ruf mit Konzert- und
Tanzveranstaltungen, Multimediainstallationen, Workshops
oder Diskussionsforen in Venedig erarbeiten konnte, mit äußerster Sorgfalt zusammengestellt. Musikfreunde, die gewillt
sind, über musikalische Barrieren hinwegzusehen, werden von
den Kuratoren, die unter der Schirmherrschaft der Querini-
Stampalia-Stiftung stehen, bei dieser einzigartigen Aneinan-
derreihung von Spitzenmusikern aus aller Welt auf höchstem
Niveau bedient. Es sind immer wieder illustre Namen auf dem
Veranstaltungskalender zu finden, wie Jazz-Altmeister Peter
Brötzmann, die Klangforscher Jan Bang und Arve Henriksen
oder bereits etablierte Stars der jungen Generation wie Giovanni Guidi, die hier in einem optimalen Ambiente vor einem
überschaubaren Publikum eindrucksvoll ihr Können unter Be-
weis stellen und für unvergessliche Konzerterlebnisse sorgen.

Die umtriebigen Programmmacher bespielen neben dem
Stammhaus am westlichen Ende des namengebenden Weges
auch andere ungewöhnliche Orte. So kann es etwa sein, dass
man inmitten des verfallenen Arsenals Zeuge einer Gänsehaut
erzeugenden Performance der kanadischen Cellistin Julia Kent
wird, die neben ihrer Solokarriere bereits für renommierte
Künstler wie Current 93, Rufus Wainwright, Jarboe oder Ryan
Adams in die Saiten gegriffen hat.